英会話
その勉強ではもったいない！

デイビッド・セイン

青春新書
INTELLIGENCE

はじめに

　35年以上、日本で英語を教えていると「この日本語のニュアンスはちょっと違うんじゃ？」「この文法の教え方より、もっといい教え方があるのに」といった「その勉強ではもったいない！」と思うことを度々目にします。

　セミナーや著書で、随時それを教えるようにしていますが、なかなかまとめて1冊の本にする機会はありませんでした。

**日本人がつい間違えてしまう
英語の勉強法のエッセンスを
ギュッと1冊に凝縮したのが本書です。**

　ボキャブラリーの増やし方やスピーキングのコツ、はたまた冠詞の使い方や現在形の本当のニュアンスなど、学校教育ではなかなかフォローしきれない「日本人の弱点」を、この1冊を読むことで克服できます。

　ところで、日本人が英語を勉強する時間は、どれぐらいでしょうか？　1日1時間、英語を勉強したとして、1年間で英語に触れるのは365時間です。

　1年間留学すると、最低限の英語は話せるようになるとされ

ますが、その場合、およそ1日約12時間は英語に触れることになります。

1日12時間英語を勉強すると、1年で4380時間です。

ということは、1年間の留学に追いつくのに、1日1時間の勉強では12年かかる計算になります！（4380時間÷365日＝12年です）

これでは**中学から高校、大学までの10年間勉強しても、1年間分の留学にも満たないのですから、最低限の英語も話せないのは当たり前**です。

では、どうすればいいか？

学校の勉強以外に、自主的に英語に触れないといけないのです。

日本の英語教育では
絶対的に授業数が足りないのです。

語学は、数学や物理といった学問とは違い、「勉強する」というよりは「触れる」「使う」ことに重きを置くものです。

習うより慣れよ。本書でお話しする内容をふまえていただいた上で、英語に触れる時間が長ければ長いほど功を奏します。

みなさんが、「使える英語力」に直結する一番効率のいい学び方を自分のものにできるよう祈っています！

令和元年5月吉日

デイビッド・セイン

Contents

はじめに | 3
本書の使い方 | 7

Chapter 1
リーディング攻略法 | 11

日本語発想を捨てる！ 英語は英語脳で話す | 12
多義語を知らずして TOEIC は攻略できず！ | 19
身近な単語を言えますか？ | 24
簡単ボキャブラリー増強術 | 32
ブツ切り速読術のススメ | 40
知らない単語はマルで囲む | 44
Q&A リーディングでスコアアップ！ | 50
もう迷わない！ アメリカ英語 vs イギリス英語 | 54

Chapter 2
ライティング攻略法 | 63

現在形の正しい使い方、知っていますか？ | 64
現在完了形の使い方、知っていますか？ | 73
微妙な使い分けにご用心！ | 78

Chapter 3
スピーキング攻略法 | 93

RとLを言い分けられる！ | 94
早口言葉で高速トレーニング！ | 102
相づち上手はスピーキング上手 | 110
言い出しフレーズをモノにする！ | 114
言ってはいけない間違いフレーズ | 123
クッション言葉でスピーキング上手に！ | 131

Chapter 4
リスニング攻略法 | 139

手っ取り早く耳を鍛える最速法！ | 140
リスニングの実践問題に挑戦！ | 153

Chapter 5
学校英語のカン違い | 159

冠詞の使い方、知っていますか？ | 160
I'm と I am は違う！ | 174
何はともあれ数字が大事！ | 177

本書の使い方

➲ 問題を解きながら、楽しく英語のコツがつかめる！

「リーディング」「ライティング」「スピーキング」「リスニング」の英語4技能の攻略法に加え、「学校英語のカン違い」の全5章で構成。日本人がつい間違えてしまう英語のエッセンスを凝縮！

> ## ● 日本語発想を捨てる！
> ## 英語は英語脳で話す
>
> ### ➲ 英語を学ぶ＝文化を学ぶ
>
> 英語を学ぶ際に大事なのが、耳学問ではなく**「使える言葉を身につける」**こと。
>
> 辞書や本で知識をインプットするだけでは「英語がわかる」とは言えません。**実践＝会話で使える言葉**を身につけてこそ、言語ならではの面白みがわかるはずです。
>
> **言葉を覚えることは、その国の文化を学ぶことでもあります。**
> そこでひとつ問題です。次の文はどういう意味でしょうか？
>
> What is your least favorite word?

ボキャブラリー問題や英語感覚を試すクイズ、日本人が間違えやすい YES / NO 問題も収録。読み進めるうちに、「ネイティブ感覚」が身につきます。

◯ カン違いしていた中学英語のおさらいができる！

> I'll と I will の違い、can と be able to の使い分けなど、今まであいまいにしてきた英文法の「本当のニュアンス」がわかります。

① I will talk to your father.
② I'm going to talk to your father.

【正解】
① きみの父親と絶対に話をするよ（何があっても）。
② きみの父親と話をするつもりだよ（前から予定している）。

前々から約束しているなら②を、男気を出した言い方をするなら①になります。
こんな風にニュアンスを理解して使い分けられるようになると、英語を使うことが楽しくなりますよね？

⏱ I'll ... と I will ... の違い

未来の表現といえば、I will .... と I'm going to ... のほかに I'll ... もあります。I will .... と I'm going to ... が違うように、I'll ... もやはりニュアンスが異なります。次は I'll ... と I will ... の違いを比較してみましょう。

① I'll go to London.
② I will go to London.

> 本文中に Q&A のクイズがあるので、①本文を読み ➡ ②自然と考え ➡ ③わかる！の3ステップで、カン違いしていた中学英語のおさらいができます。

➲ 英語4技能の極意がわかる！

「手っ取り早く英語ができるようになる最速法」を伝授！　ネイティブ目線で、即効性のあるスピーキングやリスニングのトレーニング法を紹介します。

⏱ 次のペアの英語を繰り返し言いましょう。

① lamb（子羊）　　　　ram（雄羊）
② light（光）　　　　　right（右）
③ load（積み荷）　　　road（道）
④ play（遊ぶ）　　　　pray（祈る）
⑤ long（長い）　　　　wrong（間違った）

▼ **TRACK 02**　slow & natural speed

⏱ [r] と [l] の音を含む単語を聞き、真似しましょう。

① girl（女の子）
② railroad（鉄道）
③ really（本当に）

カンマのところで単位を変えればいい

のです。日本語よりも、簡単ですよね？

1,000 は thousand で、そこから3桁ずつ million、billion、trillion と単位が変わっていきます。

文字よりも、図で説明したほうがわかりやすいですね。

1,000,000,000,000
　↑　　　　↑　　　　↑　　　　↑
trillion　billion　million　thousand

英語の基礎中の基礎ながら、日本人がつい間違えてしまう数字の読み方、冠詞の使い方、短縮形の使い分けが、目からウロコのわかりやすさでマスターできます。

➔ 音声のダウンロード方法

TRACK 番号のついた音声をダウンロードできます。
下記の URL からアクセスしてダウンロードしてください。

https://sites.google.com/view/eikaiwa-seishun/home

・音声は MP3 ファイル形式となっています。音声の再生には MP3 を再生できる機器などが別途必要です。
・ご使用機器、音声再生ソフト等に関する技術的なご質問は、ハードメーカーもしくはソフトメーカーにお願いします。
・本サービスは予告なく終了されることがあります。ご了承ください。

● 手っ取り早く耳を鍛える最速法!

➔ まずはリスニングのルールをマスターしよう

ネイティブではない日本人の皆さんが、英語を聞き取れないのは当たり前です。

**ネイティブの英語が
聞き取れないのにはワケがある**

って、ご存知でしたか?
「ネイティブはなまけ者」です。そのため実は、ネイティブが話すナチュラル・スピードの英語では、「言いやすさ」という理由から、さまざまな音の省略や変化が起きています。そのため辞書に載っている発音とは、まったく異なる発音になることも珍しくありません。ある程度、音の変化のルールを知らないと、正確に聴き取ることはできないでしょう。

➔ 「連結」(linking) とは

Thank you. という言葉を「サンク・ユー」と発音する人はいませんよね? 「サンキュー」と、Thank の最後の k の音と you の最初の y の音がくっつき、「キュー」の音に変わります。簡単に言えば、これが音の「連結」(linking) です。
2つ以上の単語同士がくっつき、一つの異なる単語のように聞こえる音の変化を指します。
たとえば an orange が「アン・オレンジ」ではなく、an と orange がくっついて「アンノーレンジ」といった音になるのも連結です。
では、実際に音が連結されるとどうなるか、ネイティブの発音をスローとナチュラルの2種類で聞き比べてください。

▼ TRACK 27 slow & natural speed

① an apple [アナッポゥ]
② come on [カモン]
③ far away [ファーラウェイ]
④ stop it [スタッピッ(ト)]
⑤ take out [テイカウ(ト)]

> 音声により、スローとナチュラル・スピードの2種類で収録しているものもあります。音声を聞き、まねして話してみましょう。

Chapter
1

リーディング
攻略法

英文を読む時、
1分間に何単語ぐらい読んでいますか？
平均的なネイティブは、
1分間に約300単語を読むといいます。
どうしたらそんなに読めるようになるのか？
そんなネイティブのリーディング術を
身につけるのが、この章です！

日本語発想を捨てる！英語は英語脳で話す

➲ 英語を学ぶ＝文化を学ぶ

英語を学ぶ際に大事なのが、耳学問ではなく**「使える言葉を身につける」**こと。

辞書や本で知識をインプットするだけでは「英語がわかる」とは言えません。**実践＝会話で使える言葉を身につけてこそ**、言語ならではの面白みがわかるはずです。

言葉を覚えることは、その国の文化を学ぶことでもあります。
そこでひとつ問題です。次の文はどういう意味でしょうか？

> What is your least favorite word?

あまりなじみのない表現かもしれません。

What is your favorite word? なら「あなたの好きな言葉は何ですか？」です。しかし否定語となる least があることから、この文は「あなたの嫌いな言葉（一番好きではない言葉）は何ですか？」という意味になります。

おそらく日本人なら、「嫌いな」は hate を使って表現するはずです。しかしこれを least favorite（一番好きではない）とするのが「ネイティブの英語」です。

☑ Chapter 1 　リーディング攻略法

　英語の hate はかなりきつい言葉のため、ネイティブもよほどのことがない限り使いません。hate を使う代わりに、遠回しな表現で代用するのが英語圏の発想です。こんな何気ない日常会話にも、文化の違いが現れるのです。では、次の問題はどうでしょう？

> 「春夏秋冬」を英語でどう言いますか？

　正解は、**winter, spring, summer, fall** です。
　日本語では「春夏秋冬」の順ですが、英語では winter, spring, summer, fall の順になります。日本は春を年度の始めとしていますが、英語圏では1月（冬）から1年が始まると考えるため、この語順になるのです。
　ではもう一つ。

> 「白黒」を英語でどう言いますか？

　正解は、**black and white** です。
　日本語では「白黒」と言いますが、英語では語順が逆になります。日本語の「白黒はっきりさせる」と同じように black-and-white decision（白黒はっきりした決定）といった使い方をするのも面白いですね。
　マイケル・ジャクソンのヒット曲に Black or White という曲があったのを思い出すと、覚えやすいでしょう。

このように、日本語と英語で逆になる言葉は他にも幾つかあります。

> **⚠ 次の日本語を英語にしましょう。**
>
> ① 左右
> ② 新旧
> ③ 飲食
> ④ 貧富
> ⑤ 紳士淑女
> ⑥ 需要と供給
> ⑦ 前後
> ⑧ 遠近
> ⑨ あちこち
> ⑩ 東西南北

正解は、こうなります。語順を比べてみてください。

① right and left
② old and new
③ food and drink
④ rich and poor
⑤ ladies and gentlemen
⑥ supply and demand
⑦ back and forth
⑧ near and far
⑨ here and there
⑩ North, South, East and West

レディー・ファーストの国なので ladies and gentlemen に、また近くから遠くへ、となるため、near and far や here and there となります。「英語を知ること＝英語圏の文化を知ること」なので、語順からもその国の文化がわかるのです。

➔ YES と NO の落とし穴

語順だけでなく、日本語と英語で Yes と No が逆になることもあります。そもそもの日本語と英語の構造の違い、また日本人と欧米人の発想の違いが、その原因です。

では会話例を見てみましょう（A がアメリカ人、J が日本人）。

> (!) **次の英文を読みましょう。**
>
> A: My money is gone. Do you know where it went?
> J: I don't know. Didn't you put it in your purse?
> A: I put it on this table. So, you didn't steal it?
> J: Yes.
> A: That's what I thought. Give me back my money!

【日本語訳】
A: 私のお金がない。どうしたか知ってる？
J: ううん。財布に入れなかったの？
A: このテーブルの上に置いたの。じゃあ、あなたが盗んだんじゃないのね？
J: はい。

A:　やっぱり。返してちょうだい！

　日本人はお金を盗んでいないのに、犯人だと思われています。なぜ誤解されたのでしょう？

　原因は、**So, you didn't steal it?**（じゃあ、あなたが盗んだんじゃないのね？）と言われた際の対応です。

　こう言われて、**盗んでいないなら、No.（いいえ）と答えな**ければいけなかったのです。

　No. なら **I didn't steal your money.**（私はあなたのお金を盗んでいません）となります。

　日本語発想だと「あなたが盗んだんじゃないのね？」と言われたら、つい「はい（私が盗んだんじゃありません）」と **Yes.** で答えてしまいます。

　しかし英語の **Yes.** は肯定の返事であり、**お金を盗んだことを肯定する意味**になってしまいます。

　英語では、常に「Yes は肯定、No は否定」です。「はい、していません」などと、肯定と否定が混在した言い方はしません。

　英語の場合、質問が Do you ...? でも Don't you ...? でも、肯定するなら Yes、否定するなら No で答えるのが鉄則です。

　では、練習してみましょう。

☑ Chapter 1 ｜ リーディング攻略法

> ① 日本語の指示に従い、次の英文に英語で答えてください。
>
> ① Don't you like milk?
> 　↓（「牛乳は好き」と答えるなら）
>
> ② Aren't you inviting Tim to your party?
> 　↓（「招待しない」と答えるなら）
>
> ③ Didn't you go to work today?
> 　↓（「仕事に行かなかった」なら）

　正解は、以下のようになります（さまざまな答え方が可能なので、Yes/No に注目してください）。

【正解】
① Yes, I do. I like milk.
② No, I'm not inviting him.
③ No, I didn't go to work today.

　質問文は、①「牛乳は好きじゃないの？」、②「ティムをきみのパーティに招待しないの？」、③「今日は仕事に行かなかったの？」です。英語では質問の形に関係なく、肯定なら Yes. で、否定なら No. で答えなくてはいけません。正しく答えられましたか？
　それではもう1つ。

> **Do you mind if I have another coffee?**

「コーヒーをもう1杯もらってもいい？」という質問です。こう聞かれて、OK ならどう答えますか？ 一般的なのは、次のような答えです。

> **No, go ahead.（ええ、どうぞ）**

　Do you mind ...? は、「…を気にしますか？（…したら嫌ですか？）」と、**そもそも否定的なことを聞く文**です。
　この場合、Yes. と答えると「はい、気にします（嫌です）」、No. だと「いいえ、気にしません（大丈夫です）」となります。そのため**「大丈夫（気にしない）」なら、Yes. ではなく No. と答える必要があります**。日本人はつい「大丈夫＝Yes」で答える癖がついているので、注意が必要です。

英語を使うときは英語脳で！

「郷に入れば郷に従え」で、英語を使うなら英語脳に切り替えるのが鉄則です！

☑ Chapter 1 　リーディング攻略法

多義語を知らずして TOEICは攻略できず！

● 英語は1単語＝1定義ではない！

　私はセミナーなどでよく**「waterは水だけにあらず」**と言います。これはどういう意味かわかりますか？
　日本人は、1単語＝1定義で覚える癖がついています。どういうことかというと、「water ＝水、walk ＝歩く」としか覚えていないのです。そのため、次のような表現に出くわすと、とまどうようです。

> He's watering the grass.

　どういう意味かわかりますか？
　「彼はグラスに水を注いでいる」なんて思ったら大間違い！
「彼は芝生に水をやっている」が正解です。
　water は動詞だと「水やりをする」という意味になるのは、ご存知でしたか？　実はこれ、TOEIC だけでなく、英検でも頻出の問題なのです。
　「water ＝水」だけでなく、「水をまく、〜に水をかける」という意味も知らなければ、ネイティブの日常会話にはついていけません。

19

このように、意味が複数ある単語を「多義語」といい、入試や検定試験では必ずと言っていいほど出題されます。

多義語というと、難しく思うかもしれませんが、実は身近な単語でも山ほどあります。テストなどでは「身近な多義語」が出題されるケースのほうが多いぐらいです。

では、あなたがどれだけ多義語を理解しているか、練習問題に挑戦してみましょう。

> ❗ **次の英語を日本語にしましょう。**
>
> ① I need some change.
>
> ② I feel funny.
>
> ③ I walked the dog this morning.
>
> ④ How are you addressing this problem?
>
> ⑤ She runs our accounting department.
>
> ⑥ He posted photos yesterday.
>
> ⑦ Did your company get the account?
>
> ⑧ How did you present your point of view?
>
> ⑨ Why did the board decide to close the branch?
>
> ⑩ He's still in critical condition.

正解は、こうなります。

① I need some change.
ちょっと小銭がいるんだ。

「何か変化が必要だ」なんて訳したら大間違い！ change には「変化」の他に「お釣り、小銭」という意味があり、日常生活ではこちらの意味で使うことの方が多いでしょう。

② I feel funny.
気持ちが悪い（吐きそう）。

「楽しい気分だ」なんて訳していませんか？ funny には「変な」という意味があり、そこから「変な気分だ」→「気持ちが悪い」→「吐きそう」となります。

③ I walked the dog this morning.
私は今朝、犬を散歩させた。

「私は今朝、犬と歩いた」ではありません。walk には「歩く」の他に「散歩させる、付き添って歩く」などの意味があり、英検でも頻繁にこの意味で出題されます。

④ How are you addressing this problem?
この問題にどう対応するの？

「この問題にどう宛名をつけるの？」なんて訳したら意味不明です。address の動詞には「取り組む、対処する」という意味があり、この意味で TOEIC にはよく出題されます。

⑤ **She runs our accounting department.**
   彼女はうちの経理を担当している。

「彼女は経理部を走っている」なんて訳した人、いませんよね？ run には「運営する、管理する」という意味があることから、ビジネス関連の文章だとまずこの意味で使われます。

⑥ **He posted photos yesterday.**
   彼は昨日、写真を投稿した。

「彼は昨日、写真を郵便で出した」ではありません！ post が動詞として使われる場合、最近はほぼ「(インターネットなどに) 投稿する」の意味になります。

⑦ **Did your company get the account?**
   あなたの会社は、その取引先を獲得したの？

「あなたの会社はその口座を手に入れたの？」とまでわかったなら、もう1歩です。account には「口座、説明」だけでなく「顧客、取引、委託業務」といった意味があることから、このような意味になります。

⑧ **How did you present your point of view?**
   あなたはどのように自分の見解を示しますか？

　直訳の「どのように自分の見方をプレゼントしますか？」をひとひねりすれば、「示す、伝える」という意味になります。

⑨ **Why did the board decide to close the branch?**
   なぜ取締役会はその支店を閉鎖することにしたの？

「なぜその掲示板に支店の閉鎖が載っていたのか？」なんて訳したら大間違い。board には「掲示板」の他に「重役、役員会」という意味もあります。また動詞だと「乗り込む、登場する」という意味もあるので要注意！　ちなみに boarding pass なら「搭乗券」です。

⑩ He's still in critical condition.
　彼はまだ危険な状態だ。

「彼はまだ批判的だ」と訳した人も多いのではないでしょうか？　critical には「批判的な」だけでなく「重大な、危機的な」といった意味もあり、critical condition で「重体、予断を許さない状況」となります。

　どれも中学校レベルで習う単語ですが、意外にもここで紹介した意味を知らない人は多いようです。そのため英検やTOEICでは必須単語となっています。
　TOEIC 対策は「新しい単語、難しいビジネス用語を覚えればいい」と思ったら大間違い。

まずは身近な多義語を 見直しましょう！

　ネイティブは多義語のことを**「1 単語でさまざまな意味を表現できる便利な単語」**と考えます。
　みなさんもそのようにポジティブに捉え、まずは身近な単語の意味をしっかりと覚えましょう。
　基礎固めこそ、後々ものを言います。

身近な単語を言えますか？

身の回りの単語をマスターしよう

TOEIC対策でビジネス用語を覚えるのもいいですが、その前に**基礎の基礎**はできていますか？

身の回りのものを見て、すべてを英語にできるでしょうか？

TOEICでも、Part 1の写真描写問題などでは、生活英語をどれだけ知っているかが問われます。難しい単語を覚える前に、まずは足元から固めましょう。

次に紹介するのは、TOEICにも出てくる生活用語です。あなたはすべて答えられますか？

! 次の日本語を英語にすると？

① 蛇口 (fで始まる単語)
② 花瓶
③ (キッチンの) 流し
④ 缶切り
⑤ カーテン (dで始まる単語)
⑥ 浴槽

⑦ 温泉
⑧ 花火
⑨ 運河
⑩ 灯台

【正解】
① faucet
② vase
③ sink
④ can opener
⑤ drapes
⑥ bathtub
⑦ spa
⑧ fireworks
⑨ canal
⑩ lighthouse

①「蛇口」のfaucetはアメリカ英語で、イギリス英語だとtapです。⑤カーテンといえばふつうはcurtainsを思い浮かべるでしょうが、アメリカ英語ではdrapesもよく使います。これは薄手のカーテンの上にかける、厚手のカーテンのことです。drapesとfireworksは基本的に複数形で使います。

全部わかったでしょうか？ 英語圏では幼児でも知っているような単語ですが、意外と知らない日本人は多いものです。

次はTOEIC対策にもなる表現を、今度は英語から日本語にしてみましょう。

> ## ⚠ 次の英語を日本語にすると？
>
> ① auditorium
> ② baggage claim
> ③ business complex
> ④ City Hall
> ⑤ law firm
> ⑥ lost and found
> ⑦ manufacturer
> ⑧ retailer
> ⑨ supplier
> ⑩ warehouse

【正解】
① 講堂
② 手荷物受取所
③ 商用複合ビル
④ 市役所
⑤ 法律事務所
⑥ 遺失物取扱所
⑦ 製造会社
⑧ 小売店
⑨ 供給業者
⑩ 倉庫

① auditorium は劇場などの観客席や傍聴席のある施設を指し、一般的に大勢の人が座れる公会堂のようなものを指しま

す。③ complex には「(建物などの) 集合体、工場団地」といった意味もあることから、housing complex なら「団地」です。巨大な映画館を「シネコン」などと呼びますが、それは cinema complex (cineplex：映画複合施設) の略語です。⑦の manufacturer は manufacture (製造) とのスペルの違いに注意しましょう。

> **⚠ 次の職業を日本語にすると？**
>
> ① anchor
> ② architect
> ③ attorney
> ④ bank teller
> ⑤ diplomat
> ⑥ landscaper
> ⑦ officer
> ⑧ plumber
> ⑨ ranger
> ⑩ veterinarian

【正解】
① ニュースキャスター
② 建築家
③ 弁護士
④ 銀行の窓口係
⑤ 外交官
⑥ 造園家

⑦ 役人
⑧ 配管工
⑨ 森林警備隊員
⑩ 獣医

①の anchor は「アンカー（錨）、支え、一番最後の人」という意味から、ニュースを読むまとめ役として「ニュースキャスター」という意味に。③弁護士といえば lawyer と思うでしょうが、attorney もよく使われます。⑥ landscaper とあわせて gardener（庭師）や florist（生花店）も覚えておきたいものです。⑩の veterinarian（獣医）は短縮形の vet でもよく使われ、動詞の vet には「診療する、点検する」という意味があります。

> **！ 次の業種を日本語にすると？**
>
> ① advertising agency
> ② cleaner's
> ③ courier
> ④ locksmith
> ⑤ logistics company
> ⑥ moving company
> ⑦ pharmaceutical company
> ⑧ printer
> ⑨ publisher
> ⑩ real estate agency

【正解】

① 広告代理店
② クリーニング店
③ 宅配業者
④ 鍵屋
⑤ 物流会社
⑥ 引っ越し業者
⑦ 製薬会社
⑧ 印刷業者
⑨ 出版社
⑩ 不動産会社

　自社だけでなく、取引先の業種名も英語で言えるようにしたいものです。意外なところで③ courier（宅配業者）などは知らない人も多いようです。これは「配達する」という動詞にもなる語です。④の locksmith（鍵屋）は TOEIC でよくある鍵をなくしてしまうトラブルでお目にかかる単語です。⑦に関連する語として pharmacy なら「薬局」です。

⚠ 次の英語を日本語にすると？

① apprentice
② associate
③ candidate
④ colleague
⑤ intern
⑥ mentor

⑦ predecessor
⑧ representative
⑨ spokesperson
⑩ technician

【正解】
① 見習い、実習生
② 同僚、社員
③ 志願者、候補者
④ 同僚
⑤ 実習生
⑥ 指導役、メンター
⑦ 前任者
⑧ 代理人、代議士
⑨ 広報担当者
⑩ 技師

①apprentice（見習い、実習生）と intern（実習生、インターン）の違いは、apprentice が主に手に職をつける際の見習いなのに対し、intern は「研修」など何かを学ぶための見習いになります。⑥の mentor は、日本人にはなじみのない職業かもしれません。「信頼のおける相談相手、良き指導者、助言者」といった意味で、I want you to be a mentor for Steve in the finance department.（経理部でスティーブの指導をしてほしいんだけど）などと使います。

全50問中、どれくらいわかりましたか？

大学入試用に覚えた単語とは、異なると思います。

難しい単語を覚える前に、まずは身近な生活単語をすべて英語で言えるようにしましょう。

　私は来日当初、家中のものに日本語の「名札」を貼っていました。冷蔵庫には「Reizouko」、流しには「Nagashi」などと名札をペタペタ貼った記憶があります。
　さすがにそこまですると、否が応でも覚えるものですよ！

● 簡単ボキャブラリー増強術

➲ 接尾辞をマスターしよう！

action、instruction、suggestion ... これらの単語に共通するものは何かおわかりですか？

すべて、単語の語尾につく文字 -ion が同じです。これらを**接尾辞**といい、単語の語尾につくことでさまざまな派生語を作ることが可能になります。簡単に言えば、

「単語＋接尾辞」で
いろいろな言葉ができる。

ということ。一度このルールを覚えれば、簡単にボキャブラリーを増やすことができます！

たとえば先ほどの -ion は、**「動作や状態、結果を表して、名詞を作る接尾辞」**です。「動詞＋ -ion」で名詞になります。

act（動詞：行動する）＋ -ion
  ＝ action（名詞：行動）
instruct（動詞：教える）＋ -ion
  ＝ instruction（名詞：教育）
suggest（動詞：提案する）＋ -ion
  ＝ suggestion（名詞：提案）

このルールを知っていると、act さえ知っていれば名詞は action と推測することができます。ね、便利でしょう？

では、接尾辞の代表的なものを見ていきましょう。次の単語に接尾辞をつけると何の単語になるか、当ててください。接尾辞とその意味がヒントです！

> **❕ 接尾辞をヒントに、単語と意味を答えてください。**
> *一部、語尾を変える必要のある単語もあります。
>
> 1 -er/-or/-ar をつけて「…する人（者）」を表す名詞に
>   ① visit　　　　　　② act
>
> 2 -ee をつけて「…される人」を表す名詞に
>   ① employ　　　　　② examine
>
> 3 -ment をつけて「…すること」を表す名詞に
>   ① enjoy　　　　　　② treat
>
> 4 -ness をつけて「性質、状態、行為」を表す名詞に
>   ① ill　　　　　　　② happy
>
> 5 -th をつけて抽象名詞に
>   ① true　　　　　　② wide

ヒントを見て「そういえば」と思い当たった人も多いのではないでしょうか。正解は、こうなります。

1 ① visitor（訪問者）
　② actor（俳優）

2 ① employee（従業員）
　② examinee（受験者）

3 ① enjoyment（楽しむこと）
　② treatment（処理）

4 ① illness（病気）
　② happiness（幸福）

5 ① truth（真実）
　② width（広さ）

　1の「-erをつけて『…する人』にする」はおなじみでしょうが、2の「-eeをつけて『…される人』にする」というのは、ぜひ覚えてもらいたいルールです。ちなみに、employ+-erなら、employer（雇用者）となり、2のemployeeとは逆の意味になります。これなどは、ほんの1文字で意味が逆になりますから、要注意です。

　接尾辞は品詞にも関わるため、覚えておくと非常に便利です。なんとなくルールがわかると、1つの単語から名詞、形容詞、副詞、動詞とさまざまな派生語が類推できます。では、名詞以外の品詞にも挑戦してみましょう！

☑ Chapter 1 | リーディング攻略法

⚠ 接尾辞をヒントに、単語と意味を答えてください。
＊一部、語尾を変える必要のある単語もあります。

1 名詞・動詞に -ful をつけて「…に満ちた」を表す形容詞に
① power　　　　　② use

2 名詞・動詞に -able をつけて「…できる」を表す形容詞に
① believe　　　　② value

3 -ive をつけて「…の傾向がある」を表す形容詞に
① act　　　　　　② imaginate

4 名詞に -ish をつけて「…っぽい」を表す形容詞に
① child　　　　　② self

5 物質名詞に -en をつけて「…製の」を表す形容詞に
① wood　　　　　② gold

6 名詞に -less をつけて「…のない」を表す形容詞に
① hope　　　　　② need

7 形容詞に -ly をつけて「様子」「頻度」を表す形容詞に
① free　　　　　 ② close

8 -ize をつけて「…になる」「…化する」の動詞に
① normal　　　　② memory

35

> 9 形容詞・名詞に -en をつけて「…する」の動詞に
>   ① deep   ② weak
>
> 10 語尾を -fy に変えて「…にする」の動詞に
>   ① quality   ② identity

【正解】

1. ① powerful（強力な）
   ② useful（役に立つ） ＊「有用性に満ちた」と考える

2. ① believable（信用できる）
   ② valuable（価値のある）

3. ① active（活動的な）
   ② imaginative（創造力に富む）

4. ① childish（子供っぽい）
   ② selfish（自己中心的な）

5. ① wooden（木製の）
   ② golden（金の）

6. ① hopeless（絶望して）
   ② needless（無用の）

7. ① freely（自由に）
   ② closely（ぴったりと）

8 ① normalize（標準化する）
   ② memorize（記憶する）

9 ① deepen（深める）
   ② weaken（弱める）

10 ① qualify（資格を与える）
   ② identify（同一視する）

他にも、覚えておくと便利な接尾辞をいくつか挙げましょう。

動詞に -ant、-ent をつけて「…性の」を表す形容詞に
➡ important（重要な）
  pleasant（楽しい）

-cy をつけて「状態」を表す名詞に
➡ accuracy（正確さ）
  frequency（頻度）

-ate をつけて「…する」を表す動詞に
➡ illustrate（説明する）
  dominate（支配する）

ここで紹介したのは、ごく一部です。他にもさまざまな接尾辞がありますから、「これは？」と思ったらマメに辞書を引いて調べて覚えるといいでしょう。

➲ 接頭辞をマスターしよう！

　接尾辞は品詞にも関わるので非常に重要ですが、その逆で「頭に付く」接頭辞は、意味のヒントになります。ですから、重要なものを知っておくと、初めて見る意味がわからない単語でも、大体の意味を推測できます。

1 co/com/con は「共に」を表す
　① contain（含む）　② compose（組み立てる）

2 im/in は「反対」または「中、内」を表す
　① impossible（不可能な）
　② income（収入）

3 ex は「外へ」を表す
　① export（輸出する）
　② express（表現する）

4 inter は「相互の」を表す
　① international（国際的な）
　② interaction（相互作用の）

5 dis/un は「反対」を表す
　① dislike（嫌う）　② unhappy（不幸な）

6 sub は「隠れた」を表す
　① subway（地下鉄）　② submarine（潜水艦）

7 re は「後ろ」「再び」を表す
　① reaction（反応）　　② recall（思い出す）

8 pre は「先の」を表す
　① preschool（就学前の、幼稚園）
　② prelude（前置き）

9 mis は「誤った」「悪い」を表す
　① misunderstand（誤解する）
　② misfortune（不幸）

10 sur は「超えた」を表す
　survive（生き残る）
　surplus（余り、余剰）

11 over は「過ぎた」を表す
　overnight（夜通しの）
　overdo（…しすぎる）

12 per は「完全な」を表す
　perfect（完全な）
　permanent（永遠の）

　接頭辞、接尾辞をマスターすると、自然とボキャブラリーが増えます。たまには紙の辞書を引き、同じ接頭辞を持つ単語の一覧を見るといいでしょう。新しい発見があるはずです。

ブツ切り速読術の ススメ

➔ 1分間リーディング上達術

　入試問題は、日本の英語教育の現状を表す指標といえます。リーディング、リスニング、スピーキング、ライティングの英語4技能の強化が叫ばれ、入試が大変革を遂げようとしている今日この頃、実際の入試問題がどのようになっているか、ご存知でしょうか?

　参考までに、最近の東京都立高校の入試問題を、ネイティブの視点から分析してみました。

　スピーキングのテストはできないので、リーディング、リスニング、ライティングの3技能でのテストです。テスト時間は50分ですが、リスニング問題を聞く時間や考える時間、解答を書き込む時間などを差し引くと、実質30分ほどですべての英文を読む必要があります。

　都立高校の入試問題は、英文の設問や選択肢も入れると、3000単語ほどです。**平均的なネイティブは、1分間に約300単語を読む**といいます。そのためネイティブなら、10分ほどで読み終える単語数です。

　3000単語を30分で読むには、1分間に約100単語を読む必要があります。100単語がどれくらいか、わかりますか?

　試しに次の英文を、時間を測りながら読んでみましょう。受験生たちが、いかに大変かがわかりますよ。

☑ Chapter 1 | リーディング攻略法

⏱ 1分間リーディングに挑戦！

次の英文は、全部で92単語です。ストップウォッチ片手に何秒で読めるか挑戦してください。では、3-2-1、スタート！

> Everyone who has ever owned a pet knows that living with an animal can give you peace of mind and a sense of wellbeing. There have been several studies over the years which have shown that pet owners have lower blood pressure, are less likely to suffer from depression, and have higher self-esteem than non-pet owners. Spending time with pets is especially good for the elderly. A 1999 study in three states, New York, Missouri, and Texas, found that nursing homes which allowed pets had lower medication costs than those that did not.

参考までに日本語訳も載せておきますね。内容が理解できていたか確認してください。

【日本語訳】
過去にペットを飼ったことのある人なら誰でも、動物と共に生活することが、心の平穏や幸福感を与えるということを知っている。ペットの飼い主は血圧が低く、鬱病にかかる可能性が低く、またペットを飼っていない人よりも自尊心が高いことを示す長年にわたる研究がある。特に高齢者は、ペットと共に過ご

41

> すことが適している。ニューヨーク州、ミズーリ州、およびテキサス州の3つの州で行われた1999年の調査では、ペットを許可した老人ホームは、許可しない場合よりも投薬コストが低かった。

　何秒で読めましたか？　実際に時間を測りながら読むと、ドキドキして速く読めないかもしれませんが、受験生が経験している入試がどのようなものか理解できたと思います。
　これぐらいの文章をネイティブなら20秒ほどで斜め読みしますが、非ネイティブなら30秒で読めればOKです。

**時間と文字数を意識して読むと、
自然に速読力が身につきます。**

　では、どのように読めば速く読めるようになるでしょうか？
ネイティブは、文を意味ごとにブツ切りにして読んでいます。
先ほどの文を意味の区切りで切ると、次のようになります。

● ブツ切り速読術のススメ

> Everyone who has ever owned a pet knows /
> that living with an animal /
> can give you peace of mind /
> and a sense of wellbeing. /
> There have been several studies over the years /
> which have shown /
> that pet owners have lower blood pressure, /

are less likely to suffer from depression, /
and have higher self-esteem /
than non-pet owners. /
Spending time with pets /
is especially good for the elderly. /
A 1999 study in three states, /
New York, Missouri, and Texas, /
found that nursing homes /
which allowed pets /
had lower medication costs /
than those that did not.

　元は4つの文章でしたが、意味ごとに区切ると約18に分かれます。文の解釈にもよるので、区切り方は人それぞれですが、ネイティブなら大体これぐらいに分けて読んでいるはずです。
　内容のある英文は、教科書と違って1文が長いです。それをそのまま頭から理解するのは、ネイティブだって不可能です。意味ごとに区切ることで、文を読み返すことなく頭から理解できるようになるのです。

英文は読み返さず、頭からブツ切りにして読む。

　「英文は、読んだ後で前に戻って読む」なんて習った日本人もいるようですが、それではいつまでたってもスピードは上がりません。**頭から理解しながら読んでいく**ことで、速読力は身につきます。まずはぜひ、ブツ切り速読術を身につけてください。読み返しをやめるだけで、驚くほど速く読める自分に気がつくはずです。

知らない単語はマルで囲む

➲ 見知らぬ単語はマルで囲もう

英文読解力をつけたいのなら、読む文章量は多ければ多いに越したことはありません。欲を言えば、**リーディングしているうちに、知らず知らずのうちにボキャブラリーが増えていく形が理想**です。

リーディングしている時に、知らない単語が出てきたらどうしますか？ そのままスルーしてしまう人もいるでしょうし、前後関係から意味を類推する人もいるでしょう。

でも、私がオススメするのは**「マルで囲む」**です。

**知らない単語に出会ったときこそ、
ボキャブラリーを増やすチャンスです！**

たとえば新聞なら、その一面で知らない単語をすべてマルで囲んでいくのです。

そして時間のある時に、インターネットでも何でもいいので、それらの意味を調べ**「なるほど！」と納得してください**。単語帳を作ったりしなくていいです。**ただ、「なるほど！」と思い、新しい言葉に触れることが大事**なのです。

【4ステップ語彙増強術】

1. これは知らない単語だ《意識》
   ↓
2. 知らないからマルで囲もう《行動》
   ↓
3. 意味を調べよう《好奇心》
   ↓
4. 「なるほど！」《認識》

　この「意識→行動→好奇心→認識」の**4ステップの意識の流れが大事**なのです。だからその単語の意味を、頑張って覚えなくても大丈夫。その場で忘れてしまって構いません。**忘れたら、また同じ4ステップを繰り返せばいいんです。**
「カラダで覚える」という言葉があるように、行動が伴うことで、記憶として定着しやすくなります。
　では、ためしに次の英文で、わからない単語をマルで囲んでください。

⏱ わからない単語をマルで囲みましょう！

Car companies sometimes build and design interesting cars. These concept cars show what car companies think cars will look like in the future. When we see a concept car, we see what new models could look like.

The concept car may not have windows. Instead, it could have a small camera on the roof show the driver an image

45

of the scenery outside. The seats might even rotate so the driver can face all sides, or even work from a desk or computer that is built into the car. There could even be a bed, so the driver could rest if they get sleepy. The car might have everything a driver needs!

The main purpose of a concept car is to show what future technology could look like for automobiles. Concept cars are quite popular at car shows. After all, who wouldn't want a glimpse into what the future could be like?

The one downside to these futuristic cars is they are very expensive to both design and build. Because of this, car companies can only make one or two. Due to the rarity of the cars, collectors want to buy them. But most of us will have to wait a little longer before we can own a car of the future.

　マルを囲んで余力があれば、3の「意味を調べる」に進みましょう。ただし無理することはありません。
　参考までに、次のような日本語になります。

【日本語訳】
　自動車会社はときどき面白い車を設計、製造します。これらのコンセプトカーは、自動車会社が将来的に自動車がどのようになると考えているかを明らかにします。コンセプトカーを見ると、新しいモデルがどのようなものかがわかるでしょう。

☑ Chapter 1 | リーディング攻略法

　コンセプトカーには窓がないかもしれません。代わりに屋根の上には小さなカメラが設置され、運転手に外の風景の画像を表示するでしょう。運転席があらゆる方角を向くようシートを回転させたり、車に内蔵された机やコンピュータで作業ができるかもしれません。運転手が眠くなったら休めるよう、ベッドもあるかもしれません。その車には、運転手が必要とするすべてがあるかもしれないのです！

　コンセプトカーの主な目的は、将来的な技術で自動車をどのようにするかを見せることです。コンセプトカーは、自動車ショーでは非常に人気があります。結局のところ、未来がどのようになるかのぞき見したくない人などいませんからね？

　これらの革新的な自動車の残念な点の1つは、設計と製造の両方で非常にコストがかかることです。このため自動車会社は、1台か2台しか作ることができません。車の希少性のために、コレクターはそれらを買いたがります。しかし私たちの多くは、未来の車を所有するまで、もう少し待つ必要があります。

　比較的、平易な文章です。わからない語句はそうないと思いますが、念のため語句解説をすると、以下がポイントでしょう。

【語句解説】
□ concept car　コンセプトカー（自動車メーカーが自社の最新技術を紹介するために試作する車）
□ new model　（製品などの）新モデル、新型
□ instead　その代わりに、それどころか
□ rotate　（軸や中心の周りを）回転する
□ face　（顔などを）向ける、向く
□ built into　（車）に装備されている、内蔵される
□ a glimpse into　垣間見る

□ downside　否定的側面、不都合な点
□ futuristic　未来の、未来的な、革新的な
□ rarity　珍しさ、希少性

　ちなみに全212単語ですから、2分ほどで読み終えたいものです。ネイティブ・レベルを目指すなら、40秒ほどで読み終えるのが理想ですが、まずはスピードよりも4ステップ語彙増強術を身につけましょう。

4ステップ語彙増強術を身につける

　実はこの4ステップ記憶術は、**私自身が日本語を覚える時にやった方法**です。毎日、新聞でわからない言葉をマルで囲んでいきます。時事英語は難しい用語が多いので、よほど優秀な人でない限り、マルの数は膨大です。

　あまりに数が多すぎて、3の「意味を調べる」までたどり着かないかもしれません。でも、それでいいんです。まず1と2を行動に移した自分をたたえましょう。

　意味を調べたら、その場で覚えようとしなくてOK。そんなプレッシャーをかけたら、続きません。
「継続は力なり」で、とにかく「見知らぬ単語にマルをつける」作業を繰り返すだけでも、**自分の現在地点を認識する**のに大変役立ちます。

　3と4まで行けばもうけもの。忘れたら、また何度でもマルをつけて1から4を繰り返せばいいんです。20回も繰り返せば、さすがに「この単語、何度もマルで囲んでるな〜」と思い当たるでしょう。

カラダが覚え始めたらしめたもの！　**単語があなたの中に入り始めている証拠**です。

気負わずマルつけを習慣にすれば、1週間後、2週間後には必ずマルの数が減っていきます。1ヶ月もやれば、新聞用語がかなりカラダに入っているはずです。

そう、それこそ**「語彙を身につける」**ということなのです。

カラダを張って身につけた単語は、 そうやすやすと逃げません。

自分の血となり肉となった単語は、もう「あなたの言葉」です。外国の言語ではなく、あなたのカラダの奥底から発する言葉となるのです。

私はこのようにして、来日35年を経た今もマルつけをしています。新聞を見てはマル、雑誌を見てはマル、ネット記事ならすぐそのままググります。そうやって、日本語も自分の言葉としてきました。

忘れたら忘れたでいいんです。また調べればいいだけの話です。**忘れることを恐れず、ひたすら新しい単語との出会いを楽しみましょう**。ひたすら単語をインプットすることが、長文を読む読解力にも、スピードにもつながるのです！

Q&A リーディングで スコアアップ！

⮕ リーディングは著者との対話

　私が TOEIC などのセミナーで常にお話することに、**「リーディングは著者との対話だ」**というテーマがあります。

　著者は、何らかのメッセージを伝えようとして、文章を書きます。ですから読み手である私たちも、そのメッセージをしっかりと受け取れるよう、常に著者に疑問を投げかけるべきなのです。

　文章を読むとは、ただ文字を追いかけるのではなく、著者との対話です。著者が書いたことに対し、常に「それで？」「どうして？」「どこで？」と疑問を抱くことで、対話は深まります。

　入試問題や TOEIC の問題を思い出してください。文章の後で、常に「どこで ○○ しましたか？」「○○ したのは誰ですか？」などと問われます。

　なぜ問われるかといえば、それが大事だからです。大事なことを、なおざりにして文章を読むことはできません。しっかりと文章のポイントを押さえた上で読んでいるか、確認するためにテストをしているのです。

　ですから、**ふだんから文章を読む時に著者との Q&A を繰り返せば、文章の要点をしっかりと読みこなせる**ようになります。実際に文章を読みながら、そのコツを覚えましょう。

☑ Chapter 1 | リーディング攻略法

> ⏲ **次の文章を読み、以下の質問に答えてください。**
>
> To All Gym Visitors:
>
> The following is important information about the yoga studio and the sauna room.
> Yoga studio: Open from 8:00 am to 10:00 pm - for groups of four or more people.
> Sauna room: Open from 10:00 am to 11:00 pm - if you need supplies, please visit the information desk on the 1st floor.
>
> Johnsonville City Gymnasium

この文を読みながら、私なら次のように著者と対話(自問自答)します。

1. What time does the yoga studio open?
   ➡ At 8:00 am.

2. When does the sauna room close?
   ➡ At 11:00 pm.

3. Which room opens later?
   ➡ The sauna room.

4 If visitors need supplies, they should:
 ➜ Visit the information desk.

　文章を読みながらパラグラフごとに内容を問い返せば、確実に内容は理解できます。また、それこそがふだん入試やTOEICなどで問われていることなのです。参考までに、日本語訳は次のようになります。

【日本語訳】
ジムを訪れるみなさまに：

以下は、ヨガスタジオとサウナルームに関する重要なお知らせです。
ヨガスタジオ：午前8時から午後10時までオープン ──4名様以上のグループでのご利用。
サウナルーム：午前10時から午後11時までオープン ──必要なものがある場合は、1階のインフォメーションデスクにお立ち寄りください。

ジョソンヴィルシティ・ジム

****

1　ヨガスタジオは何時に開きますか？
　　➜午前8時。
2　サウナルームはいつ閉まりますか？
　　➜午後11時。
3　どちらの部屋のほうが遅く開きますか？
　　➜サウナルーム。
4　必要なものがある場合、
　　➜案内所に立ち寄ってください。

☑ Chapter 1　|　リーディング攻略法

追加で次のような質問を入れれば、まさに入試問題です。

5　Which of the following statements is true?
　① The information desk opens at 10:00 am.
　② Six people can use the yoga studio.
　③ The yoga studio is on the 1st floor.
　④ The sauna room is closed on the weekends.

正解はどれかわかりますか？　日本語訳を見てみましょう。

5　以下の文章のうち正しいのはどれですか。
　①午前10時に案内所は開く。
　②6人でヨガスタジオを利用できる。
　③ヨガスタジオは1階にある。
　④サウナルームは週末が休みだ。

　本文中に「ヨガスタジオは4名以上で利用」とあるので、正解は②です。
　先ほどの英文は、本文のみで56単語です。たかだか56単語の告知文でも、これだけのQ&Aが成り立ちます。
　質問の1～3は元の文を言い換えて質問にしただけですから、文章が読めていればわかるはずです。4は文章内に記載されたことを述べる問題、そして5は正誤問題と呼ばれるもので、きちんと本文の内容が理解できているかを問うものです。
　内容を問い返す著者との対話が、そのままテスト対策になることが、おわかりいただけたでしょうか？
　文章を読む際このようなトレーニングを積めば、**確実にスコアアップにつながります**。

もう迷わない！
アメリカ英語 vs イギリス英語

➡ アメリカ英語とイギリス英語、どっちを使えばいい？

「アメリカ英語とイギリス英語、どちらを覚えた方がいいんですか？」と聞かれることがあります。

その際いつも私は「どちらでも構いませんが、日本の教科書などはアメリカ英語になっているようです。ただし、わざわざ子供にイギリスで教育を受けさせるアメリカ人もいますから、あなた次第ですよ」と答えています。

読者の皆さんも、アメリカ英語とイギリス英語に違いがあることはご存知ですよね？　実際どの程度違うのかと言えば、東京の言葉と関西弁くらいではないでしょうか。つまり**「通じるけれど、発音や表現に違いがある」**程度です。

発音の違いを見ると、たとえばイギリスの人気グループ、ワン・ダイレクション（ONE DIRECTION）は、イギリス英語だと「ワン・ダイレクション」ですが、アメリカ英語だと「ワン・ディレクション」に近い音になります。

またトマト（tomato）はアメリカ英語だと「トゥメイトゥ」ですが、イギリス英語だと「トゥマートゥ」に近い音に。ワン・ダイレクションはイギリスのグループなので、日本でもイギリス英語に近い発音で呼びますが、私たちがふだん学校英語などで耳にする発音の多くはアメリカ英語です。

余談ですが、今や世界的な存在となった日本のバンド、ワン

オクロック（ONE OK ROCK）は、海外では「ワンオーケイロック」と名乗っています。

日本のファンは「ワンオクロック」→「ワンオク」と略して呼びますが、英語圏ではそもそもOKは「オーケイ」で、まず「オク」とは読みません。そのため彼らも、海外では「ワンオーケイロック」と名乗っているのでしょう。

日本でも地方によって発音やアクセントが異なるように、英語でも国（場合によっては地方）によって異なるのは当たり前で、アメリカ人もイギリス人も、発音に関しては比較的おおらかです。多少聞きなれない発音でも、前後関係からある程度何を言っているか、わかるものなのです。

ですから皆さんも、**まずは発音を気にせず、とにかく英語を使うようにしましょう**。繰り返しになりますが、**「習うより慣れよ」**です。

➲ スペルのルール

アメリカ英語とイギリス英語では、文法やスペル、語彙でも多少の違いがあります。「どちらが正しくてどちらが間違い」というのではなく「国（地方）ごとの特徴」と捉えればいいでしょう。

スペルの違いはある程度ルール化されているので、代表的なパターンを覚えておくと便利です。

⏱ ヒントを見て、イギリス英語にしてみましょう！

左のアメリカ英語を見て、ヒントを元にイギリス英語を答えてください（左：アメリカ英語 ➡ 右：イギリス英語）。

① -or ➡ -our

アメリカ英語の "-or" はイギリス英語では "-our" に。

color（色） ➡ colour
humor（ユーモア） ➡ humour

② -og ➡ -ogue

アメリカ英語の "-og" はイギリス英語では "-ogue" に。

analog（類似） ➡ analogue
catalog（カタログ） ➡ catalogue

③ -ck [-k] ➡ -que

アメリカ英語の "-ck" はイギリス英語では "-que" に。

check（小切手） ➡ cheque
checker（レジ係） ➡ chequer

④ -ense ➡ -ence

名詞の場合、アメリカ英語の "-ense" はイギリス英語では "-ence" に。ただし動詞の場合、イギリス英語でも "-ense" になる。

defense（防御） ➡ defence
license（ライセンス） ➡ licence

⑤ -ze ➡ -se

アメリカ英語の "-ze" はイギリス英語では "-ze / -se" と2種類でつづる。

apologize（謝る）	➡ apologise
organize（組織化する）	➡ organise

⑥ -er ➡ -re

アメリカ英語の "-er" はイギリス英語では "-re" に。アメリカでもフランス語的な雰囲気を出す時、あえてこのつづりを使うこともある。

center（中央、センター）	➡ centre
liter（リッター）	➡ litre

⑦ -e ➡ -ae、-e ➡ oe

イギリス英語の語頭や語中の -ae や oe が、アメリカ英語では簡単なつづりに。

encyclopedia（百科事典）	➡ encyclopaedia
medieval（中世の）	➡ mediaeval

⑧ -l- ➡ -ll-

"-l" で終わる単語の派生語を作る場合、アメリカ英語では "-l-" に、イギリス英語では "-ll-" に。

traveler（旅行者）	➡ traveller
modeling（模型）	➡ modelling

⑨ -ll ➡ -l

語末がアメリカ英語では"-ll"に、イギリス英語では"-l"になるもの。

enroll（入会する）　　　　　➡ enrol
fulfill（満たす）　　　　　　➡ fulfil

こうやって比較すると、なんとなくルールが見えてきたと思います。

日本で学ぶのはほぼアメリカ英語ですが、当然どちらの英語を使っても問題ありません！　TOEICなどは、アメリカやイギリスに限らず、あえてさまざまな国のナレーターを起用します。これは**英語＝アメリカ英語ではなく、英語という言語を「広く世界で使われている言葉」**と考えてのことでしょう。

アメリカ英語とイギリス英語ですらこれだけ違うように、実は日本人が思っているほど、世界の人は発音の良し悪しを気にしません。ですから皆さんも、発音はさほど気にせず、まず勇気を出して英語を話すことからはじめましょう！

では次に、アメリカとイギリスで異なる言葉をクイズで見ていきましょう。「えっ、これイギリス英語だったの？」なんて驚くかもしれませんよ！

☑ Chapter 1 | リーディング攻略法

左のアメリカ英語をイギリス英語にしてください。

アメリカ英語	日本語	イギリス英語
apartment	アパート	flat
backpack	リュック	rucksack
bill	紙幣	note
can	缶	tin
cart	カート	trolley
catalog	カタログ	catalogue
cellphone	携帯電話	mobile (phone)
chapstick	リップクリーム	lipsalve
closet	洋服ダンス	wardrobe
commercial	広告、コマーシャル	advertisement
crosswalk	横断歩道	pedestrian cossing
downtown	市街地	town centre
drug store	薬局	pharmacy
eggplant	ナス	aubergine
elevator	エレベータ	lift
eraser	消しゴム	rubber
eyeglasses	メガネ	spectacles
fall	秋	autumn

faucet	蛇口	tap
favorite	お気に入りの	favourite
field	(サッカーの) グラウンド	pitch
first floor	(建物の) 1階	ground floor
flashlight	懐中電灯	torch
football	アメリカンフットボール	American football
freeway	高速道路	motorway
French fries	フライドポテト	chips
friend	友達	mate
gas	ガソリン	petrol
granola	ナッツ入りの朝食用シリアル	muesli
jewelry	宝石	jewellery
kerosene	灯油	paraffin (oil)
ladybug	てんとう虫	ladybird
last name	名字	surname
laundry	洗濯物	washing
line	列	queue
meter	メーター	metre
movie	映画	cinema
one-way ticket	片道切符	single ticket

☑ Chapter 1 | リーディング攻略法

parka	パーカ (フード付きの服)	anorak
parking lot	駐車場	car park
pitcher	水差し	jug
purse	ハンドバッグ	handbag
railroad	鉄道	railway
raincoat	雨がっぱ	mackintosh
rent	借りる	hire
repair	修理する	mend
round-trip ticket	往復切符	return ticket
schedule	時間割	timetable
shrimp	小エビ	prawn
sneakers	スニーカー	trainers
soccer	サッカー	football
store	店	shop
streetcar	路面電車	tram
subway	地下鉄	underground
takeout	持ち帰り (の)	takeaway
tie	引き分け	draw
traffic jam	渋滞	tailback
train station	電車の駅	railway station

trash / garbage	ゴミ	rubbish
trousers	ズボン	pants
yard	庭	garden
zip code	郵便番号	postcode
zipper	ファスナー	zip

　かなり見覚えのある単語があったのではないでしょうか？
「秋」は fall と autumn の両方とも知っている人が多いようですが、どちらがアメリカ英語でどちらがイギリス英語かまで、ご存知ない人が多いようです。

　ここで紹介したのは、ほんの一部です。他に文法や、動詞によっては活用変化が異なるものもあります。

　どちらを使っても構いませんが、1つの文章内ではアメリカ英語かイギリス英語か、どちらかに統一すれば OK です。

Chapter 2

ライティング攻略法

英文を書いていて、
正しい英語になっているか不安になりませんか？
現在形と現在完了形の違い、
ちゃんと理解できていますか？
日本人のライティングの弱点を指摘し、
正しい英語のニュアンスを教えます！

現在形の正しい使い方知っていますか？

● その英語、実は意味が違います

「ライティングは何が正解かわからないので難しい」という声をよく耳にします。確かに、常にネイティブがそばにいる環境にいないと、自分の書いた英文が正しいかどうか、不安になるのも当たり前です。

ネイティブだって、正しい英文を書けるわけではありません。日本人でも文章のうまい人・ヘタな人がいるように、たとえネイティブといえど、文章の良し悪しはあります。とはいえ、

ライティングの極意は
「自分の言いたいことを正しく伝えること」。

話し言葉と違って、**書き言葉は「残ってしまう」ため、できるだけ正しい表現を心がけたいもの**です。

最近の日本の教科書は違いますが、一昔前の教科書や参考書だと、ネイティブが読むと「？」と思うような文章や解説をかなり目にしたものです。そのため大人世代だと、ニュアンスを誤解したまま使っている例がよくあります。

➡ まずは現在形から復習しましょう

　おそらく英語の授業で一番はじめに習う時制は、「現在形」だと思います。現在の状態や事実を表すのに用いる、基本となる時制です。ただしこの現在形、学校英語だと、ネイティブが使っている本来のニュアンスまで伝わっていないように思います。

　教科書などでよく目にする次のような文は、ネイティブならどのような日本語に訳すと思いますか？

> Do you play tennis?

　おそらく多くの日本人は、これを「あなたはテニスをやりますか？」と訳すと思います。でもネイティブの感覚からすると、ちょっと違います。

　ネイティブがこのようなことを聞く時、**テニスを習慣的にやるかどうかをたずねている**からです。そのニュアンスを出して訳すと、次のようになります。

【正解】
あなたはテニスをよくやりますか？

　現在形が行動を表す場合、ほぼ「習慣的な行為」を表します。ですから日本語も「よく…する」と訳すと、うまく本来のニュアンスを出せるでしょう。

　現在形のパターンを覚えるために、問題集などでよく I play tennis. や I play the piano. などの英文が紹介されています。

しかしネイティブがそれらを見ると、違和感を覚えます。

なぜかといえば、まず日常生活でI play tennis. やI play the piano. といった文<u>だけ</u>を使うことはないからです。ふつう、

I play tennis every day.
（私は毎日テニスをします）

I play the piano after work.
（私はいつも仕事の後にピアノを弾きます）

のように、**より状況が明らかになる副詞表現を添えるのが一般的だから**です。I play tennis. のみを使うとしたら、相手から、

What sports do you play after work?
（いつも仕事の後で何のスポーツをしますか？）

といった限定的な質問をされた時ぐらいです。

日本人は副詞表現の重要性をさほど感じないかもしれませんが、**自然な英語を表現するには、より状況を明らかにする副詞表現が重要**です。

では、次の英文を日本語にすると、どうなるでしょうか？

> **Where do you play tennis?**

この文が、「あなたは今どこでテニスをしていますか？」ではないことは、もうおわかりですね？ これは**習慣的にテニスをし**

☑ Chapter 2 　ライティング攻略法

ている場所をたずねる文**ですから、次のような訳になります。

【正解】
あなたはふだんどこでテニスをしますか？

では、次の英文を日本語にするとどうなるでしょうか？

> What do you do?

これもまた、「あなたは今何をしていますか？」ではありません。「あなたはふだん何をしていますか？」→「ふだんやることは何？」→「お仕事は何ですか？」と、日常的にやっている「仕事」をたずねる決まり文句になります。

【正解】
お仕事は何ですか？

これなどは、現在形が習慣を表すからこそのフレーズです。では、先ほどの What do you do? という質問に対し、次のように答えると、どのような意味になるでしょう？

> I play the piano.

これは「私はふだんピアノを弾いています」→「私はピアニ

ストです」と、これまた**習慣的にやっていること＝仕事は何か**を伝えるフレーズになります。

【正解】
私はピアニストです。

先ほど「自然な英語を表現するには、より状況を明らかにする副詞表現が重要だ」と書きましたが、これは What do you do?（お仕事は何ですか？）という限定的な質問だからこそ、I play the piano. だけでいいのです。

同様に、What does he do? と聞かれ、Mike sings. と答えれば、「彼の仕事は？」➡「マイクはふだん歌を歌ってる」➡**「マイクは歌手だよ」**といったイメージになります。

ではもう1問、次の日本語を英語にするとどうなりますか？

> 彼はメガネをかけている。

「メガネを<u>かけている</u>」の「…している」という日本語につられて、現在進行形を使い He's wearing glasses. と訳してしまうと間違いです。

これもまた日常的な習慣としてメガネをかけているので、現在形で表さなくてはいけません。ですから正解は次のようになります。

【正解】
He wears glasses.

日本語では、現在進行形も現在形も「…している」と表す場合があるため、それで時制を間違える人が多いようです。

日本語につられず、習慣や現在の状態、事実をいっているのであれば現在形を使いましょう。

➲ 現在形と現在進行形の違い

ついでに現在形と現在進行形の違いも復習しておきましょう。次の日本語を英語にするとどうなりますか？

> 彼女は東京に住んでいる。

これは簡単ですよね？「住んでいる」の「…している」という日本語につられて、She's living in Tokyo. と現在進行形にしてはいけません。She lives in Tokyo. が正解です。

【正解】
She lives in Tokyo.

live（住んでいる）のように**「ある程度継続する、安定して続いている状態」を表す動詞を「状態動詞」と呼びます。**have（持っている）や know（知っている）、hear（聞こえる）などはその仲間です。

これらは**現在進行形にせずとも、「…している」と継続する動作**を表すことから、先ほどの文も lives となります。

そのため**「状態動詞は現在進行形にならない」**と習った人もいるようですが、正しくは**違います**。次のような現在進行形の表現も、英語として自然です。ではこの場合、どのような意味になるでしょうか？

> She's living in Tokyo.

直訳だと「彼女はたった今、東京に住んでいる」となりますね。そこから発想をふくらませ、**「今、一時的に…している（いつもは違うけれど）」**と、その瞬間のみの一時的な状態を表すことができるのです。

【正解】
彼女は今、一時的に東京に住んでいる（いつもは違うけれど）。

実は先ほどの英文、He's wearing glasses. も**「彼は一時的にメガネをかけている（いつもは違うけれど）」**という意味であれば、英語として自然です。
ネイティブはこのような表現も日常的にしますので、授業で習った文法事項にとらわれず、柔軟に解釈してほしいのです。
では次の現在進行形の文は、どんな意味になるでしょうか？

> I'm having a party tonight.

「私は今晩、パーティをしている」と訳す方が多いようですが、違います。その場合、I'll be having a party tonight. と未来進行形を使います。**現在進行形は近い未来の予定を表すこともできる**ため、さきほどの文は「…を予定している」「…します」という文になります。そのため正解は、以下となります。

【正解】
今晩パーティを開きます。

現在進行形で未来を表す用法は、日常的に使われています。ついでに、次の英文を日本語にするとどうなりますか？

> This train is arriving at Osaka.

新幹線のアナウンスなどでよく耳にするフレーズで、もう間もなく駅に着くような時に使う言い回しです。視界に大阪駅が入ってきたようなイメージになります。

【正解】
この電車は間もなく大阪駅に到着します。

現在進行形の訳し方で「この電車は今、大阪駅に到着しています」と表現しても間違いではありませんが、ネイティブが解釈するニュアンスを知っていると、より自然な英語を使えるようになるでしょう。

ではもうひとつ、上と似た例文ですが、次の英語はどのよう

な意味になるでしょう?

> This train arrives at Osaka.

　現在形だから「この電車は大阪に着いています?」…そう、この場合、電車は大阪駅にもう着いているのでしょうか、それともこれから着くのでしょうか? 正解はこうなります。

【正解】
この電車は大阪駅に到着します。

　先ほどの現在進行形の文に似ていますが、**確定した未来の予定を表現する際、現在形**を使います。「この電車は大阪駅に着く」ことが決まっているような時、**未来の事実**としてこう表現するのです。よくよく考えれば、未来のこととなる公的な予定などを伝える際、現在形で未来の予定を表します。

Next Tuesday is my birthday.
(次の火曜日は私の誕生日だ)

　この文も同様の表現で、現在形で未来を表します。「現在形」とはいうものの、奥は深いですね。

Chapter 2 | ライティング攻略法

現在完了形の使い方知っていますか？

➤ 現在形と現在完了形の使い分け

「現在完了形で英語がわからなくなった」という人は、私の周囲でも多いです。過去形は「すでに終わった動作」でわかりやすいのですが、日本語感覚だと現在完了形の考え方がなじまないようです。

現在完了形は「過去の動作や状態が何らかの形で現在とつながっている状態」をいいます。この「つながっている状態」が非常に重要です。

問題を解きながら、現在形と現在完了形の違いを見ていきましょう。では、次の英文を日本語にしてください。

> ① I finished the report.
> ② I've just finished the report.

①は過去形なので、「すでに終わったこと」として訳せば問題ありません。②は過去に始まったできごとが、「現在どうなったか」を表現することが大事です。そのため just（ちょうど）や already（すでに）といった、状態を表す副詞をよく伴います。ニュアンスを出して訳すと次のようになります。

【正解】
① **私はそのレポートを終えた。**
　➡過去にすでにレポートを終えている。

② **ちょうどそのレポートを終えたところだ。**
　➡過去にレポートを書き始め、ちょうど今終わったところ(ちょうど今までつながっていた状態)。

「過去形と現在完了形の使い分けがわからない」という声を聞きますが、**とっくに終わったことなら過去形を、今も関係することなら現在完了形**を使います。

では、次の英文を日本語にするとどうなるでしょうか?

① I lost my wallet.
② I've lost my wallet.

過去形と現在完了形の違いは「現在に関係するかどうか」です。そこに注目すると、①は現在にはまったく関係しない過去のこと、②は過去から現在も関係することに。そのため次のような意味合いになります。

【正解】
① **私は財布をなくした。**
　➡過去にすでに財布をなくしている。

② **私は財布をなくしている。**
　➡過去に財布をなくし、今もまだ見つかっていない状態。

☑ Chapter 2 ｜ ライティング攻略法

　ネイティブは、日常生活では過去形よりも現在完了形をよく使うとされます。

　過去形は「すでに終わってしまったこと」のため使う状況は限られますが、現在完了形は過去から現在に関係することで、なおかつ考え方によっては今後にもつながることのため、使用頻度が高いのだと思われます。

　日本人は、ついつい「…した」という時に過去形を使ってしまいますが、ネイティブの感覚からすると現在完了形で表現すべきケースが多々あります。ぜひ正しい現在完了形のニュアンスを覚え、使いこなしてください。

　たとえば、仕事帰りにアメリカ人の友人を食事に誘うなら、どのようなメッセージを送ればいいでしょうか。次の日本語を英語にしてください。

> **夕食は済んだ？**

過去形と現在完了形の、どちらを使えばいいでしょうか？

① Did you have dinner?〈過去形〉
② Have you had dinner (yet)?〈現在完了形〉

　実はこれ、どちらも英語として自然ですが、ニュアンスが異なります。

　①の過去形を使うと、「夕食をとった？」と**過去の事実として夕食をとったかを確認するイメージ**になります。そのため①

を使うのは「通常の夕食からそこそこ時間が経ってから」と考えるのがふつうです。

一方②の現在完了形だと、「(もう) 夕食はとった？」と**現在までに夕食をとり終えたかをたずねるイメージ**になります。そのため「通常ならまだ夕食をとっていないような時間」に聞いているイメージです。

日本語で「夕食は済んだ？」と聞くのは、ふつうならまだ夕食をとり終えていないような時間です。そのため最適なのは②の現在完了形となります。

【正解】
Have you had dinner (yet)?
(夕食は済んだ？)

過去形と現在完了形の違いがわかってきましたか？　では、昨夜パーティに行ってきたという友人に感想を聞くなら、どう言えばいいでしょう。次の日本語を英語にしてください。

> 楽しかった？

これまた、過去形も現在完了形も、どちらも英語として自然です。

① Did you have a good time? 〈過去形〉
② Have you had a good time? 〈現在完了形〉

しかし使う状況が異なり、すでに終わった過去のこととして聞くなら①の過去形を、パーティが終わった直後ぐらいに聞くなら②の現在完了形を使います。パーティが昨夜だったなら、①の過去形を使うのが一般的でしょう。

**今も関係することなら現在完了形を
もうとっくに終わったことなら過去形を。**

この使い分けがわかってきましたか？

微妙な使い分けにご用心!

➔ 日本人を悩ませる「書き換え表現」

テストで必ず出てくる問題に「書き換え表現」があります。will と be going to、can と be able to、should と had better など、学生時代にさんざん書き換えの練習をやらされましたよね?

ところで、なぜそんな書き換えの練習をしたのか、その理由はわかりますか?

理由を知らずに、書き換えの練習ばかりひたすらやってきた日本人が多いことを知り、愕然とした思い出があります。そもそも教えていた先生ですら、理由をきちんと把握していたのか怪しいものです。

実はこれらの表現は、「書き換えられる」といっても微妙にニュアンスが違うのです。

ニュアンスが違うから
区別する必要があり、
そのために書き換えの練習をするのです。

その微妙な違いをわからずして、これらのフレーズを使いこなすことはできません。

ここでは、そんな要注意表現をご紹介しましょう。

⏱ will と be going to の違い

will と be going to はまったく同じで、どちらも書き換えられると思っている人が多いようです。しかし実際のところネイティブは、この２つをしっかりと区別して使っています。「習うより慣れよ」ですから、問題を解きながらニュアンスの違いを実感していきましょう。will と be going to の違いがわかるよう、次の２つの英文を日本語に訳してください。

> ① I will do it.
> ② I'm going to do it.

will と be going to は、未来を表すという点では同じですが、微妙なニュアンスが異なります。たとえば、I will ... と言った場合、それは単なる未来形ではなく**「…します、…するつもりです」という強い意志**を示します。

一方、be going to は**「前々から決まっていた予定」**を表すため**「…するつもりでいます」**というニュアンスに。そのため正解は、次のようになります。

【正解】
① 私は絶対にやります（何があっても）。
② 私はそれをやるつもりでいます（前から予定している）。

では復習がてら、もう１問。彼女の父親に会いに行く場合、あなたならどちらを使いますか？

> ① I will talk to your father.
> ② I'm going to talk to your father.

【正解】
① **きみの父親と絶対に話をするよ(何があっても)。**
② **きみの父親と話をするつもりだよ(前から予定している)。**

前々から約束しているなら②を、男気を出した言い方をするなら①になります。

こんな風にニュアンスを理解して使い分けられるようになると、英語を使うことが楽しくなりますよね?

⏱ I'll ... と I will ... の違い

未来の表現といえば、I will .... と I'm going to ... のほかに I'll ... もあります。I will .... と I'm going to ... が違うように、I'll ... もやはりニュアンスが異なります。次は I'll ... と I will ... の違いを比較してみましょう。

> ① I'll go to London.
> ② I will go to London.

②の I will ... が意志を表すことは、先ほど説明した通りです。それに対し、①の **I'll ... は「(じゃあ)…するよ」という「とっさの判断」**を表します。そのため、たとえば電話が鳴って**「(じゃあ)私が出るよ」**と答えるなら、**I'll get it.** と I'll を使います。

【正解】
① ロンドンに行くよ（今決めた）。
② 私はロンドンに行くつもりだ（何があっても絶対に）。

　be going to ... だと本来は I'm going to go to London. ですが、英語は going to go to ... といった冗長な言い回しを避けるため、I'm going to London. で「ロンドンに行く予定だ（前から予定している）」となります。

⏲ It'll ... と It's going to ... の違い

　では、'll ... と be going to ... は、I 以外の主語だとどのようなニュアンスになるでしょうか。天気の表現で比べてみましょう。

> ① It'll rain tomorrow.
> ② It's going to rain tomorrow.

　①はたった今、天気を見て言っているような言い回しです。一方②は、すでに天気予報か何かで明日の天気を知っているような時に使うフレーズです。

【正解】
① 明日、雨が降りそうだね（とっさの判断）。
② 明日は雨が降るそうだ（予報だとそうなっている）。

　短縮形の 'll と will、be going to の違いは、おわかりいただけたでしょうか？

⏱ can と may の違い

「can と may はまったく違うでしょう？」と思うかもしれませんが、許可を表す際、いずれも使うことができます。では、can と may の違いがわかるよう、次の 2 つの英文を日本語に訳すとどうなるでしょうか？

> ① You can use my desk.
> ② You may use my desk.

①は You can ... で「あなたは…できます」、つまり**「…してもいいですよ」**と人に許可を与える言い回しになります。

それに対し②は、やや上から目線の表現になり**「…してもかまいません」**と部下に許可を与えるようなニュアンスになります。そのため一般的に、友人同士であれば①を、上司と部下のように上下関係の上から下に伝えるのであれば②を使います。

【正解】
① 私の机を使ってもいいですよ。
② 私の机を使ってもかまわないよ。

⏱ Can I ...? と May I ...? の違い

では、can と may を疑問文にすると、ニュアンスはどのようになるでしょう？ スーパーなどで買い物をし、レジ袋をもらいたいなら、次のどちらを言えばいいでしょうか。

☑ Chapter 2 | ライティング攻略法

① Can I have a plastic bag?
② May I have a plastic bag?

①の **Can I ...?** は **「…できますか？」** とカジュアルに許可を求める際の表現です。それに対し②の **May I ...? は「…してもよろしいでしょうか？」** と、へりくだって許可を求める言い回しになります。

「いらっしゃいませ」の表現として、やはり Can I ...? と May I ...? が使えます。**Can I help you? だと「何でしょう？、ご用件は？」** と軽いニュアンスの聞き方ですが、**May I help you? だと「何かご用件はありますでしょうか？」** とへりくだって聞くイメージになります。

カジュアルに聞くなら Can I ...? を、上下関係を意識して目上の人に使うなら May I ...? を使うのが一般的です。

【正解】
① **レジ袋をもらえますか？**
② **レジ袋をいただけますでしょうか？**

客の立場からものを言うのであれば、ふつう①の Can I ...? を使うでしょうが、高級スーパーなどでわざわざ頼むなら②を使うこともあるでしょう。

ビジネスフレーズだと、Can I submit my application by e-mail? なら「申込書をメールで提出できますか？」ですが、May I submit my application by e-mail? なら「申込書をメールで提出してもいいでしょうか？」となります。どちらも英語として自然ですが、丁寧さの度合いが異なります。

⏱ Can you...? と Could you ...? の違い

Can you ...? も Could you ...? も、相手に何か頼む際の表現です。上司と電話中、上司に急な来客がありました。来客が帰ったあとでかけ直してもらいたい時、次のどちらで依頼すればいいでしょうか。

① Can you call me back later?
② Could you call me back later?

Can you ...? は直訳で「…できますか？」 となるように、ストレートに相手にものをたずねる言い回しになります。

一方②の **Could you ...? は、許可や依頼を表わす丁寧な疑問文**となり、「…していただけますか？」と礼儀正しい依頼になります。一般的に、身内や仲間内であれば①の Can you ...? で構いませんが、見知らぬ人や目上の人、またビジネスの場などでは Could you ...? を使うほうが無難です。

上司に電話をかけてくれと頼むなら、②の Could you ...? で丁寧に依頼しましょう。

【正解】
② Could you call me back later?
（あとでかけ直していただけますか？）

ちなみに、似た表現の Would you ...? は「…していただけますか？」と、相手にその意思があるかをたずねるニュアンスになります。

⏱ can と be able to の違い

can も be able to も「…できる」という意味を表しますが、その違いは何かご存じですか？ 次の日本語を英訳してみてください。

> 今日、レポートを終えられるだろう。

can と be able to の使い分けの一番大きな点は**「助動詞は連続して使えないので、その代わりに be able to を使う」**です。

たとえば**「…できるだろう」**と表現する時、I will can … とは使えないので、**I will be able to …** としなければいけません。正解は次のようになります。

【正解】
I'll be able to finish my report today.
（今日、レポートを終えられるだろう）

⏱ could と was/were able to の違い

could は助動詞 can の過去形で、was/were able to は be able to の過去形です。いずれも「…することができた」と過去に可能だったことを表します。

では、次の日本語の場合どうなるでしょうか。

> その電車に乗ることができた。

　過去1度だけの「…することができた」という動作を表す場合、was/were able to を使います。なぜ could を使わないのかというと、could は「…することができたのに(できなかった)」という仮定法の意味もあるからです。

　could だと、どちらの意味か曖昧になるため、ネイティブは誤解のないよう **1度きりの可能な動作は was/were able to で表す**のです。

【正解】
I was able to catch the train.
(その電車に乗ることができた)

　could を「…できた」という意味で使うのは、**過去に可能であった能力を表す場合**です。では、次の場合どうでしょう?

> 幼い頃はフランス語を話せたが今は話せない。

　過去に1度だけフランス語が話せたわけではないので、ここで was/were able to は使えません。このように、**過去に可能であった能力を表す場合に could** を用います。

☑ Chapter 2 | ライティング攻略法

【正解】
I could speak French when I was younger, but I can't now.
(幼い頃はフランス語を話せたが今は話せない)

⏱ might の可能性の違い

助動詞 might で注意したいのは、〈might have +過去分詞〉で仮定法の過去を表す時です。仮定法とは「現実とは違う架空の話」です。では次の文を日本語にすると、どうなるでしょう?

> I might have been a doctor.

これを「私は医者だったかもしれない」と表現すると、記憶喪失か何かで、医者だった頃の自分を忘れてしまった言い方になります。

正しくは**「私は医者になれたかもしれないのに(残念ながらなれなかった)」**です。仮定法の場合、〈**might have +過去分詞**〉は「**…したかもしれないのに(現実はしなかった)**」と**過去を悔いる表現**になるのです。

【正解】
I might have been a doctor.
(私は医者になれたかもしれないのに[残念ながらなれなかった])

⏱ 義務を表す must と have to、need to の違い

クライアントからの急な依頼で3時までにレポートを仕上げなくてはいけない場合、どのように表現すればいいでしょうか。次の日本語を英語にしてください。

> 3時までにこのレポートを仕上げなくては。

義務や強制を表す助動詞の must や have to、need to を使って、次のいずれかを書いた人が多いでしょう。

① I must finish this report by 3:00.
② I have to finish this report by 3:00.
③ I need to finish this report by 3:00.

この3つの文を、日本語にするとこうなります。

① (何があっても)3時までにどうしてもこのレポートを仕上げねばならぬのだ。
② (たとえ嫌でも)3時までにこのレポートを仕上げなくてはいけない。
③ 3時までにこのレポートを仕上げなくては。

①は大げさすぎて笑ってしまうかもしれませんが、must はネイティブにとってこれぐらい強い義務を表します。日本人に must の意味を聞くと、多くの人が「…せねばならない」と答

えます。しかしネイティブからすると、**mustはもっと強い義務や必要性を表す助動詞で「(何があっても)…せねばならぬのだ」ぐらいのニュアンス**になります。

それに対し、②のhave toは、「**本当はやりたくないことを、他から強制されてやる**」際に用い、**外的要因により「…せざるをえない」と嫌々やるニュアンス**になります。

そのため「…しなくては」という一般的な義務を表す場合、**③のneed toを使うのが一般的**です。need toは、仕事などの客観的な要因から何かをしなくてはいけない時に使う表現で、Iを主語とする場合、「自主的に何かをしなくてはいけない」というイメージになります。従って、淡々と仕事をこなすのであれば③が最適でしょう。

【正解】
I need to finish this report by 3:00.
(3時までにこのレポートを仕上げなくては)

では、主語をYouにしてこの3つを使い分けるとどうなるでしょうか？ 次の3つの文を、ニュアンスの違いに注意して日本語にしてください。

> ① You must arrive on time.
> ② You have to arrive on time
> ③ You need to arrive on time.

【正解】
① 何があっても時間通りに着くように(そうしないとみんなが困る)。
② (たとえ嫌でも)時間通りに着かないとダメだ。
③ 時間通りに着かなくてはいけない。

①の You must ... はかなりキツイ命令になり、「何がなんでもやってもらわないとみんなが困る」と苦情を言っているような印象になります。

②の You have to ... は「嫌でもやらなくてはいけない」と強引にやらせるニュアンスに。

③の You need to ... は客観的な理由があって、何かをする義務があると伝えるイメージになります。

そのためネイティブが何か**命令・助言する場合、キツすぎる must を避け、have to や need to を使う傾向がある**のです。どちらかは、伝えたいニュアンスにより使い分けます。

日常生活で、人に「…して」と指示することは多々あると思います。その際、must を使うか、have to を使うか、need to を使うかで印象はかなり変わります。書いたものは残りますから、後々の印象も考えて書くといいでしょう。

余談ですが、「トイレに行きたい」と言う時に I need to go. と言います。これは「客観的な必要性を表すため、need to を使う」と考えると、腑に落ちるはずです。「私はトイレに行く必要がある」→「トイレに行かなくてはいけない」→「トイレに行きたい」というイメージです。

> ☑ Chapter 2 | ライティング攻略法

⏱ should と had better の違い

人に何かを提案する場合、should と had better を使いますが、どのようにニュアンスは違うでしょうか? 次の英語を日本語に訳してください。

> ① You should book your flight in advance.
> ② You'd better book your flight in advance.

should は「…すべきだ」と習ったかもしれませんが、**ネイティブのニュアンスでは「…したほうがいいよ」** ぐらいの軽い提案やアドバイスになります。そのため日常的によく使います。

一方 had better は「…したほうがいいぞ(さもないと大変なことになる)」と警告に近いニュアンスが含まれます。そのため、正解は次のようになります。

【正解】
① 前もって飛行機を予約したほうがいいよ。
② 前もって飛行機を予約したほうがいいよ(さもないと大変なことになる)。

ちょっとしたアドバイスなら should を、ちょっと脅しを入れるなら had better を使うといいでしょう。この辺りのニュアンスの違いも、ぜひ覚えたいものです。

⏱ Won't you ...? と Why don't you ...? の違い

最後に、人を誘う際の表現です。「一緒に来ない？」と誘う時、ネイティブなら次の①、②のどちらを使うでしょう？

> ① Won't you come with us?
> ② Why don't you come with us?

かつての教科書には①が紹介されていましたが、今時の日常会話でネイティブが使うのは②です。

Won't you ...? も Why don't you ...? も「…しない？」という誘い文句ですが、Won't you ...? は「…いたしませんか？」に近い、古い言い回しになります。

それに対し Why don't you ...? は「どうして…しないの？」→「…しようよ！」→「…しない？」と、気軽に誘う言い回しになります。そのため正解は②です。

【正解】
② Why don't you come with us?
（一緒に来ない？）

Chapter 3

スピーキング攻略法

RとLを言い分けられますか？
日本人が苦手とするスピーキングの極意を
ネイティブ視点で解説しました。
音声を聞きながら、
耳と口を同時に鍛えましょう！

▶ RとLを言い分けられる！

➡ 似た発音はセットで攻略

「どうしてもr（アール）とl（エル）を言い分けられない！」という悩みは、日本国民共通のもののようです。

スピーキングといえば、何十年も前から相談されるのは、「rとlの発音の仕方」がダントツナンバー1。そこで私が教えるのは、**「似た発音をセットで攻略する」方法**です。

ペアの似た発音の単語を呪文のように繰り返せば、嫌が応にも2つの違いがわかるので、

口（スピーキング）だけでなく、同時に耳（リスニング）も鍛えられるという1粒で2度おいしい発音攻略法です。

付属音声を聞きながら、ぜひ繰り返し真似をしてください。驚くほど効果的ですよ！

⏱ [l]（エル）の発音のコツ

① 舌の先を上の前歯の裏にあて、「アー」と言う。
② 舌をつけたまま「ラー」と言う。

☑ Chapter 3 | スピーキング攻略法

⏱ [r]（アール）の発音のコツ

① 小さく「ゥ」と言うように口をすぼめる。
② 舌の先を上げ、舌の先が口の中のどこにも触れないようにして「ゥラー」と言う。

▼ TRACK 01 slow & natural speed

⏱ 次のペアの英語を繰り返し言いましょう。

① lamb（子羊）　　　ram（雄羊）
② light（光）　　　　right（右）
③ load（積み荷）　　road（道）
④ play（遊ぶ）　　　pray（祈る）
⑤ long（長い）　　　wrong（間違った）

▼ TRACK 02 slow & natural speed

⏱ [r] と [l] の音を含む単語を聞き、真似しましょう。

① girl（女の子）
② railroad（鉄道）
③ really（本当に）
④ relax（くつろぐ）
⑤ world（世界）

➲ [f] と [th] はこうやって言い分ける!

日本人はつい [f] をカタカナの「フ」、[th] を「ス/ズ」と発音してしまいます。しかしこの2つは、カタカナでは表記できない発音の代表例で、「ぜひ音声を聞いて真似してください!」としか言えないのが本音です。

私の名前も、本当は「セイン」というよりは「ゼイン」に近い音になります。コツをお見本に、繰り返し真似してください。

⏱ [f] (エフ) の発音のコツ

① 下唇の上に上の歯を軽く乗せ、思い切り息をはく。
② ①で出る、下唇と上の歯が擦れる音が [f] の音です。

⏱ [th] (ス/ズ) の発音のコツ

① 上の歯と下の歯の間に舌をはさむ。
② ①の状態で、舌の上から息を吐き出すように発音する。

▼ TRACK 03 slow & natural speed

⏱ 次のペアの英語を繰り返し言いましょう。

① fin (ひれ)   thin (薄い)
② fink (密告者)   think (考える)
③ first (一番目)   thirst (渇き)
④ free (自由)   three (3)
⑤ deaf (耳が聞こえない)   death (死)

▼ TRACK 04　slow & natural speed

⏱ [f] と [th] の音を含む単語を聞き、真似しましょう。

① faith（信念）
② fifth（5番目）
③ fourth（4番目）
④ thankful（感謝している）
⑤ thief（泥棒）

➲ [b] と [v] はこうやって言い分ける！

[b] と [v] は、実はかなり発音は違います。しかし話す内容に夢中になって、ついすべてが「バビブベボ」の音になってしまう人が多いようです。

この2つの音は、表情の動きがモノを言います。恥ずかしがらず、大げさなぐらいに口を動かすと、うまく発音できますよ！

⏱ [b]（ビー）の発音のコツ

① まずは唇をしっかりと閉じる。
② 閉じた唇を「バッ」と破裂させるように勢いよく開け、はっきりと発音する。大げさに唇を動かすとうまく発音できる。

⏱ [v]（ヴィー）の発音のコツ

① 前歯を軽く下唇に乗せて「ヴー」という音を出す。

② 下唇を振動させ、歯と下唇の間から息を出すようにする。

▼ TRACK 05 slow & natural speed

⏱ 次のペアの英語を繰り返し言いましょう。

① berry（ベリー［苺類］）　very（大変）
② boat（ボート）　vote（投票する）
③ bow（おじぎ）　vow（誓い）
④ lib（解放運動）　live（生きる）
⑤ robe（ガウン）　rove（さまよう）

▼ TRACK 06 slow & natural speed

⏱ [b] と [v] の音を含む単語を聞き、真似して発音しましょう。

① behavior（ふるまい）
② valuable（価値のある）
③ vibration（振動）
④ vocabulary（語彙）
⑤ vegetable（野菜）

☑ Chapter 3　スピーキング攻略法

➲ [ch] と [t] はこうやって言い分ける！

[ch] の音は、カタカナの「チ」音のイメージです。後に続く母音に合わせて「チャ／チュ／チェ」などと変化をつけましょう。
[t] の音はカタカナのタ行とは異なります。タ行よりもっと鋭く、舌と口を動かすイメージです。[ch] とは舌の位置と動かし方が大きく異なります。

⏱ [ch]（チ）の発音のコツ

① カタカナの「チ」の音でほぼOK。上あごに舌先をつけるイメージ。
② 後に続く母音に合わせ、「チャ／チュ／チェ」などと発音する。

⏱ [t]（トゥ）の発音のコツ

① 上あごに舌の先をつけ、勢いよく息を吐く。
② 軽く口を開け、外に音を出すイメージ。舌と唇を同時に動かして発音する。

▼ **TRACK 07**　slow & natural speed

⏱ 次のペアの英語を繰り返し言いましょう。

① cheese（チーズ）　　　tease（いたずら）
② chair（イス）　　　　tear（裂く）
③ chalk（チョーク）　　talk（話）

④ chest（胸）　　　　　test（テスト）
⑤ chill（寒気）　　　　till（…まで）

▼ TRACK 08　slow & natural speed

⏱ [f] と [t] の音を含む単語を聞き、真似しましょう。

① charity（慈善）
② charter（チャーター、貸切）
③ cheetah（チーター）
④ cheat（だます）
⑤ teacher（先生）

➲ [s] と [sh] はこうやって言い分ける！

ここで紹介した発音ペアの中で、[s] と [sh] は日本人でも発音しやすい音でしょう。[s] はカタカナのサ行に近いイメージで、やや舌をとがらせて鋭く発音します。

それに対し [sh] は歯と歯の間から空気が漏れるような音で、後に続く母音の影響でさまざまな音に変化します。

⏱ [s]（ス）の発音のコツ

① カタカナのサ行と似たようなイメージで、舌をとがらせて、前歯の裏に近づけた状態で発音する。
② 「スィ」の感覚で鋭い音を出す。

[sh]（シュ）の発音のコツ

① 舌は口の中央に位置し、上あごと舌の間から空気を出すイメージ。
② [s] に比べてスレた音にするのがポイント。

▼ TRACK 09 slow & natural speed

次のペアの英語を繰り返し言いましょう。

① same（同じ）　　　shame（恥）
② sea（海）　　　　　she（彼女）
③ seat（席）　　　　 sheet（シート）
④ sew（縫う）　　　　show（見せる）
⑤ sigh（ため息）　　 shy（内気な）

▼ TRACK 10 slow & natural speed

[s] と [sh] の音を含む単語を聞き、真似しましょう。

① sash（窓枠）
② seashell（貝殻）
③ seashore（海岸）
④ splash（しぶき）
⑤ slash（斜線）

早口言葉で高速トレーニング！

◯ 表情筋を動かそう

発音のコツを覚えたら、次は実際にフレーズを声に出して「話す」練習をしましょう。

とにかく大声ではっきりと
大げさぐらいに表情をつけて話す。

日本人へのアドバイスはこれのみです！ これだけボキャブラリーもあり、読解力もあるんですから、あとは羞恥心を捨てれば大丈夫！

日本語と英語を発音する際の大きな違いに、**「表情筋の使い方」**があります。日本語は無表情でも話せますが、英語はそもそも表情を使って話すことを前提に作ったのではないか（？）と思うほど、顔や口の使い方が重要です。

そこで表情筋を徹底的に動かすトレーニングとして、アメリカ伝統の早口言葉（tongue-twister）に挑戦してください。「早口言葉…？」と侮るなかれ！ 繰り返し練習し、サンプル音声と同じように話せるようになると、**驚くほど表情筋の使い方が変わります**。スローとナチュラル・スピードの2種類の音声を用意しましたから、今日から独り言のように練習して、人知れずスピーキング上手になりましょう！

☑ Chapter 3 ｜ スピーキング攻略法

▼ TRACK 11 slow & natural speed

Red lorry, yellow lorry.
（赤いトロッコ、黄色いトロッコ）

日本人が苦手とする [r] と [l] を練習するのにピッタリな早口言葉。スロー・スピードで [r] と [l] の違いをマスターし、うまく言えるようになったら、ネイティブのナチュラルスピードに挑戦して繰り返し言いましょう。

▼ TRACK 12 slow & natural speed

Freshly fried fresh fish.
（油で揚げたての新鮮な肉）

日本人が苦手な [r] と [l] に [f] まで加わった、短いながらも練習しがいのある早口言葉です。すべての語が [f] で始まるので、これを繰り返すと [f] の発音のコツがつかめます。

▼ TRACK 13 slow & natural speed

People pick pink peas.
（人々はピンクの豆を摘む）

破裂音の [p] をトレーニングするのに、ちょうどいい早口言葉です。おそらく想像以上に表情筋を使わないと話せないはず。繰り返し練習し、破裂音に慣れましょう。

▼ TRACK 14　slow & natural speed

Eight apes ate eight apples.
（8匹の猿が8個のリンゴを食べた）

[éI] の音はカタカナの「エイ」と同じイメージで OK。appleの [l] の発音まで気を配れるようになれば上出来です。

▼ TRACK 15　slow & natural speed

Can you can a can as a canner can can a can?
（缶詰業者が缶を缶詰できるよう、缶を缶詰できますか？）

笑い話にもなってしまうような早口言葉です。助動詞の can と動詞の can、そして名詞の can と canner の区別がつくと、文法の復習にもなります。

▼ TRACK 16　slow & natural speed

The rain in Spain stays mainly in the plain.
（スペインで雨は主に平野に降る）

これはオードリー・ヘップバーン主演の映画 "My Fair Lady" で、イギリスのコックニー訛りを直すために使われた早口言葉です。[éI] の音を [aI] と発音してしまうのを直すため、rain [réIn] や Spain [spéIn] といった [éI] の音が繰り返されます。

▼ TRACK 17　slow & natural speed

Vivian believes violent, violet bugs have very big value.
（ヴィヴィアンは乱暴な紫の昆虫にはとても価値があると信じている）

[b] と [v] の使い分けならこれ！　長い1文ですが、主語は Vivian で、目的語は violent, violet bugs have very big value となる SVO 構文です。

▼ TRACK 18　slow & natural speed

How many bagels could a beagle bake if a beagle could bake bagels?
（ビーグル犬がベーグルを焼けるなら、ビーグル犬は何個のベーグルを焼けるか？）

[b] を練習するための早口言葉ですが、if と could の使い方を覚えるにもちょうどいいでしょう。if の前で1文が区切れ、最後が疑問文になります。

▼ TRACK 19　slow & natural speed

A big black bug bit a big black bear, but the big black bear bit the big black bug back.
（大きな黒い虫が大きな黒い熊を噛んだが、その大きな黒い熊はその大きな黒い虫を噛みつき返した）

まずは最初の A big black bug bit a big black bear.（大きな黒い虫が大きな黒い熊を噛んだ）まででも OK です。[b] 音は唇の動かし方がポイントになります。

▼ TRACK 20　slow & natural speed

I walk to work, and when I work I walk a lot.
（私は歩いて仕事へ行き、仕事中はよく歩く）

walk と work の [l] と [r] の発音の違いを出せるようにしましょう。これなどは日常生活でも使うようなフレーズです。

▼ TRACK 21　slow & natural speed

Peter Piper picked a peck of pickled peppers.
（ピーター・パイパーはたくさんの唐辛子のピクルスをつまんだ）

アメリカで早口言葉といえばこれ！　というぐらい有名なものです。これはそのうちの最初の1行で、本当は以下に紹介する3行からなる詩（？）です。最初の1行をマスターしたら、ぜひこのフルセンテス・バージョンに挑戦してください。

▼ TRACK 22　slow & natural speed

Peter Piper picked a peck of pickled peppers.
A peck of pickled peppers Peter Piper picked.
If Peter Piper picked a peck of pickled peppers,
where's the peck of pickled peppers Peter

Piper picked?

（ピーター・パイパーはたくさんの唐辛子のピクルスを拾った。ピーター・パイパーが拾ったたくさんの唐辛子のピクルス。もしピーター・パイパーがたくさんの唐辛子のピクルスを拾ったら、ピーター・パイパーが拾ったたくさんの唐辛子のピクルスはどこにある？）

これを言えたら、スピーキングが上達するのはもちろんのこと、かくし芸の一つとしても使えます！

▼ TRACK 23 slow & natural speed

She sells sea shells by the seashore.
（彼女は海岸で海の貝殻を売る）

[s] と [sh] の使い分けが覚えられる早口言葉です。she と sea、sell と shell など、ペアの違いにも気をつけましょう。

▼ TRACK 24 slow & natural speed

She sells sea shells by the seashore.
The shells she sells are surely seashells.
So if she sells shells on the seashore,
I'm sure she sells seashore shells.
（彼女は海岸で海の貝殻を売る。彼女が売っている貝殻は、間違いなく海岸の貝殻だ。だからもし彼女が海岸で貝殻を売るなら、彼女はきっと海の貝殻を売る）

先ほどの早口言葉の全文がこれです。もとは Mother Goose（マザーグース）で、日本の寿限無のように子供は面白がって練習します。

ほんの3文ですが、2行目の The shells she sells には関係代名詞が省略されていたり、if の仮定法があったり、I'm sure（間違いなく）があったりと、文法内容も盛り沢山です。

▼ TRACK 25　slow & natural speed

Betty Botter bought some butter.
（ベティー・ボッターはバターを買った）

Botter と butter の言い分けに注意しましょう。「butter は不可算名詞なので複数形にならない」なんてことも覚えておくといいですよ。これを攻略したら、仕上げの早口言葉に挑戦！

▼ TRACK 26　natural speed

Betty Botter bought some butter.
"But," she said, "the butter's bitter.
If I put it in my batter,
It will make my batter bitter.
But a bit of better butter,
That would make my batter better."
So she bought a bit of butter.
Better than her bitter butter.
And she put it in her batter.
And the batter was not bitter.

☑ Chapter 3 | スピーキング攻略法

So It was better Betty Botter
bought a bit of better butter.

（ベティ・ボッターはバターを買った。
「でも、これは苦いバターだわ」と彼女は言った。
「もしホットケーキの素に入れたら、
苦いホットケーキの素になってしまう」
「でももう少し良いバターがあれば、
もっとおいしいホットケーキの素を作れるでしょうね」
そこで彼女は少しだけバターを買った。
苦いバターよりも良いものを
そして彼女はバターの中にそれを混ぜた。
そして彼女のバターは苦くならなかった。
つまりベティ・ボターにとって
少しの良いバターを買うことは良いことだったのだ）

　英語圏でも、早口言葉は発音練習の最適メソッドとして活用されています。童謡集の「マザーグース」にも登場する早口言葉は、スピーキングのトレーニングにうってつけ！
　毎日コツコツ練習して、人前で披露できるまでになりましょう。

相づち上手は スピーキング上手

● とにかく何か、返す練習

スピーキングで一番大事なことは、タイミングよく「相づちを打つ」ことです。

会話をしていて相手から反応がないと、人は不安になるものです。人は何か話したいことがあって声をかけているんですから、まずはそれを積極的に聞く姿勢を見せることが大事です。

**特にスピーキングに自信がないなら、
相づちをタイミングよく打つだけで
かなりゴマかせます。**

長いフレーズが話せなくても、ほんの数単語の相づちなら覚えられるはず。さまざまなシチュエーションに対応できる言い回しを覚えて、今日から相づち上手になりましょう！

●「言われたら、何か返す」が鉄則！

まずは人から何か言われたら、何でもいいから返す練習をしましょう。とはいえ真面目な日本人は「何でもいいから」と言われると困ってしまうようです。たとえば次のような「当たり

さわりのない、どうでもいい相づち」を返す練習からしましょう。

A: I'm doubtful the party will go well.
（パーティはうまくいきそうにないな）
B: Oh, really?
（え、そうなの？）

A: I'm afraid I don't have time today.
（残念ながら今日は時間がありません）
B: Is that right?
（そうなの？）

こんな返しなら、すぐにできますよね？ テンポよくこのように返せば、相手はまさかあなたが英語を話せないなんて思いません。**「言われたら、何か返す」これだけで効果絶大**です。

⏱「へぇ」「そうなの？」興味を示す相づち

相手の会話中にノリのいい相づちを打つと、話が盛り上がります。日本人はそもそもあまり表情をつけずに話をするので、ちょっと大げさなぐらいに言うと、ちょうどいいでしょう。

A: That suitcase is ours, not theirs.
（あのスーツケース、あの人たちのじゃなくて私たちのよ）
B: Are you sure?
（本当に？）

他にも次のようなフレーズで相づちを打てます。

Really?(そうなの?/本当に?)
Is that right?(マジで?/そうなの?)
How interesting!(面白い!)
Sounds good.(いーねー/面白い)

⏱「へーえ」「ふーん」当たりさわりない相づち

話しかけても無言だと、相手は話す気をなくします。適度にタイミングを見て、当たりさわりのない相づちを打ち「あなたの話を真剣に聞いていますよ!」とアピールしましょう。

A: This file is too big to download.
(このファイルは大きすぎてダウンロードできない)
B: Oh, I see.
(へえ、そうなんだ)

他にも次のようなフレーズで相づちを打てます。
I see.(へえ/なるほど)
Mm.(ふーん/ふむふむ)
Uh-huh.(ふーん/なるほど)

⏱「すごい!」「うそ!」驚くときの相づち

人は驚きの反応を受けると喜ぶもの。時に大げさに驚くと効果的。喜怒哀楽をはっきりリアクションするのがポイント!

A: We have 800 employees.
(うちには800人の従業員がいます)

B: **That's amazing!**
(それはすごい！)

他にも次のようなフレーズで相づちを打てます。
Wow!（すごい！）
Awesome!（すごい／驚いた）
Unbelievable!（信じられない）
No way!（うそ！／まさか）

⏱「えーっと」「うーん」時間かせぎの相づち

すぐに返事ができない時は、「うーん」「えーっと」に相当する時間かせぎの相づちを打ちましょう。一言でもつぶやけば、あなたがきちんと相手の話を聞いていることが伝わります。

A: **Just give me a straight answer.**
(どうぞ率直な答えを聞かせて下さい)
B: **Well ...**
(ええっと、あの…)

他にも次のようなフレーズで相づちを打てます。
Well, um ...（えーっと…／その…）
You know.（ほら／あれだよあれ）
Uh ..., let me think.（えーっと…、ちょっと考えさせて）

臨機応変にこれらの相づちを組み合わせれば、かなり「こなれたやりとり」に聞こえるはずです。

言い出しフレーズを モノにする！

➡ 「つい沈黙してしまう」から脱却する

よく「スピーキングの時に、何を言えばいいかわからない」という意見を聞きます。頭ではわかっていても、つい言葉が出ず、シーンと沈黙してしまう人が多いようです。

そんな人に効果的なのが、**言い出しフレーズで切り抜ける方法**です。

英語のフレーズは、ある程度、定番化しています。そのパターンを叩き込めば、言いたいことがスッと出てくるようになるはず。よく使う言い出しフレーズを、ここでマスターしましょう。

➡ 相手に何かたずねる時のフレーズ

⏱ Could you ...?（…してもらえますか？）

相手に何かお願いする時は、まずこのフレーズを使えば間違いなし！ Can you ...? だと「…できる？」という軽いニュアンスに聞こえるので、誰にでも丁寧に聞こえる Could you ...? なら万全です。

Could you give me a hand?
（ちょっと手伝ってもらえますか？）

Could you explain it to me?
(説明していただけますか？)

⏱ Can I ...?（…してもいいですか？）

人に許可を取る時は、Can I ...? でたずねましょう。カジュアルなフレーズですが、見知らぬ人にたずねる際にも失礼な印象を与えずに使えます。

Can I ask you something?
(ちょっとお聞きしてもいいですか？)

Can I try this on?
(これを試着してもいいですか？)

⏱ Excuse me, but ...?（すみませんが、…ですか？）

見知らぬ人に声をかけ、何かをたずねる際の定番フレーズです。Excuse me（すみません）と、まずへりくだり、but の後に用件を伝えます。

Excuse me, but could you say that again?
(すみませんが、もう一度言ってもらえますか？)

Excuse me, but may I ask you something?
(すみませんが、ちょっとお聞きしてもいいですか？)

⏱ Do you mind if I ...? (…してもいいですか？)

mindは本来「気にする」という動詞。そこから直訳だと「もし私が…したら気にしますか？」ですが、転じて「…してもいいですか？」と許可を求める言い回しになります。

Do you mind if I join you?
（私も参加していいですか？）

Do you mind if I come by next Friday?
（次の金曜に立ち寄ってもいいですか？）

⏱ What's ...? (…は何ですか？)

whatは「何」を表す言葉です。具体的な物以外にも、さまざまなものをたずねる際に用います。

What's wrong?
（どうしたのですか？）

What's your favorite food?
（好きな食べ物は何ですか？）

What's the total?
（合計おいくらですか？）

☑ Chapter 3　｜　スピーキング攻略法

🕒 自分の考えを伝える時のフレーズ

⏱ I'd like to ...（…したいのですが）

自分の願望を丁寧に伝える際に使うフレーズが、これ。I want to ... だと「…したい」と、一方的に要求するニュアンスがありますが、助動詞の would を使っているので丁寧な言い回しに聞こえます。

I'd like to talk to George.
（ジョージと話したいのですが）＊電話で

I'd like to delay the start of the meeting to 4:00.
（会議の開始を4時に遅らせたいのですが）

⏱ I need to ...（…しないと）

need to ... は「…する必要がある」と習った人もいるでしょうが、ネイティブからすると「…しないと」ぐらいのカジュアルなニュアンスになります。そのため日常的に、何か必然が生じた場合に口にするフレーズです。

I need to go on a diet.
（ダイエットしなきゃ）

I need to get off at the next station.
（次の駅で降りなきゃ）

⏱ I hope ...（…だといいな）

将来への願望を表すなら、hope を使いましょう。動詞の hope は、期待や願望が実現する可能性がある場合に用います。

I hope I win.
（勝てたらいいな）

I hope it doesn't rain tomorrow.
（明日雨が降らないといいな）

⏱ I'm sorry, but ...（すみませんが…）

謝罪する際の定番表現です。I'm sorry とまず謝り、but の後に本来言いたかったことを続けます。まずはじめに謝ることで、へりくだった言い回しに聞こえるため、相手が気分を害することはないでしょう。

I'm sorry, but I can't go today.
（すみませんが、今日は行けません）

I'm sorry, but this table is ours.
（すみませんが、この席は私たちのです）

⏱ I feel like ...ing（…したい気分だ）

I want to ...（…したい）ほど、強く自己主張したくない時に便利な表現がこれです。「…したい気分だ」と言うことで、

遠回しに自分の要望を伝えられます。

I feel like going for a walk.
(散歩にでも行きたい気分だ)

I feel like singing the blues.
(泣き言の1つも言いたくなるよ)
＊ sing the blues で「(不満に思うことについて)嘆く」です。

⏱ I don't feel like ...ing (…する気分じゃない)

I feel like ...ing の逆で、「…する気分じゃない」と気がすすまないことを伝える際の表現です。日本語の「今ひとつ…なんだよね」と同じようなニュアンスになります。後に ...ing 形をつけずに I don't feel like it. と言えば「そういう気分じゃないんだよね」となります。

I don't feel like going anywhere.
(どこにも行きたくない気分だ)

I don't feel like seeing anybody today.
(今日は誰にも会いたくない気分だ)

⏱ I want you to ... (…してね／…させたい)

何かを指示する時のように、ストレートに相手に要望を伝える際の表現です。to 不定詞の後に要望を伝えます。ただし、やや命令口調なので、目上の人には避けたほうが無難です。

I want you to finish that project by Monday.
(月曜までにそのプロジェクトを終わらせてね)

I want you to be in charge of the accounting department.
(あなたに経理部を任せたい)

⏱ I'm glad ...（…でよかった）

うれしいこと、楽しいことがあった時のフレーズです。

I'm glad you like it.
(気に入ってくれてよかった)

I'm glad to hear from you.
(連絡をもらえてよかった)

➔ お礼・勧誘・感想を聞く時のフレーズ

⏱ Thanks for ...（…してくれてありがとう）

人にお礼を言う際の定番表現です。for の後に動詞を続ける場合は ...ing 形にします。Thank you for ... と言い換えることもできます。

Thanks for your help.
(手伝ってくれてありがとう)

Thanks for letting me know.
(教えてくれてありがとう)

⏱ Why don't you ...?（…したらどうですか？）

これを「どうしてあなたは…しないの？」と相手を責める言い回しだけだと思ったら大間違い。「どうしてあなたは…しないの？」→「…したらどうですか？」と気軽に人を誘う時のフレーズとしてもよく使われます。

Why don't you ask your supervisor?
（上司に聞いてみたら？）

Why don't you join us?
（一緒にどう？）

⏱ How was ...?（…はどうでしたか？）

気軽に感想を聞く時のフレーズです。後に名詞を続けるだけで「…はどうでしたか？」となるので超簡単！ 話すネタがない時は、How was ...? で切り抜けましょう。

How was the movie?
（映画はどうだった？）

How was the economy in the 1990s?
（1990 年代の経済はどうだったの？）

⏱ What if ...?（もし…だったらどうする？）

何かを想定して「もし…だったらどうする？」と仮の話をする際のフレーズです。

What if it rains today?
（もし今日雨が降ったらどうする？）

What if the bank doesn't give you a loan?
（もし銀行が融資をしてくれなかったらどうする？）

「リーディング攻略法」でも書きましたが、**英語は頭から理解する言語です**。たとえ長いフレーズが頭に浮かばなくても、**ほんの数単語の言い出しフレーズさえ口にすれば、何となくあなたが言わんとしていることを相手も理解してくれるはず**。

スピーキングは
まず言葉を発することから。

言い出しフレーズは、日常のあらゆるシーンで使えます。毎日少しずつ、自分の言葉として身につけてください。

☑ Chapter 3 ｜ スピーキング攻略法

言ってはいけない間違いフレーズ

➲ 日本人が間違えやすいフレーズはこれ！

　長年、日本で教えていると、日本人が間違えやすいフレーズの傾向も大体見えてきました。日本人は優秀であるがゆえに、また基本に忠実すぎるがゆえに間違えてしまうフレーズが多々あります。

　今回は、そんな「言ってはいけない決まり文句」をクイズ形式で紹介します。みなさんも問題を解きながら、同じ失敗を犯さないよう参考にしてください。

⏱ 次の質問に、英語で答えてください。

> Q1：「名前のつづりは何ですか？」とたずねるなら？

　外国の人に名前のスペルを聞く時、あなたなら何と言ってたずねるでしょう？

　What's the spell? と答えた人が多いのでは？　でも実はこれ、**「呪文は何？」**なんて意味になってしまいます。spellは「…をつづる」という動詞で、名詞で使う場合「呪文」という意味に取られる可能性があるからです。スペル（つづり）を知りた

い時は、How do you spell ...? を使ってたずねましょう。

【正解】

How do you spell your name?
(お名前はどうつづりますか?)

> Q2:有名人がいる!
> 「サインしてもらえますか?」とお願いするなら?

ハリウッド俳優が目の前の交差点にいる! そんな時、あなたならどうやってサインをもらいますか?

Can I have your sign? と答えた人が多いのでは? でも実はこれ、「星座を教えてもらえますか?」なんて意味に取られる可能性が…。sign は動詞なら「サインする」ですが、名詞の場合「星座」という意味もあるからなのです。

有名人に、色紙などに書いてもらうサインは autograph で、ふつうの書類などに名前を書いてもらうサインは signature です。そのため「(書類に) サインしてもらえますか?」なら Could I have your signature?、「ここにサインしてください」なら Please sign here. です。

これなどは今後、海外からの労働者が増加すると、使う機会も増える言葉です。ぜひ正しい表現を覚えましょう。

【正解】

Could I have your autograph?
(サインもらえますか?)

☑ Chapter 3　｜　スピーキング攻略法

Q3：「いいえ、結構です」と断るなら？

　食事の席でお酒をすすめられました。でも今日は車で来てしまったのでお断りしなくてはいけません。せっかくの好意を、あなたならどう断りますか？

　No, thank you. と答えると、「いりません！」に近い、強い拒絶に聞こえます。 人によっては失礼に感じますから、避けたほうが無難です。

　こんな時にネイティブなら、**I'm fine.（結構です）と、やんわり丁寧に断ります。** fine には「（ものごとが）結構である」という意味になることから、何かをすすめられてお断りする時の鉄板フレーズです。ぜひ覚えてください。

【正解】
I'm fine.（結構です）

Q4：「がんばってね」と声をかけるなら？

　一足先に失礼するので、他のスタッフに「がんばってね」と声をかけるなら、どう言えばいいでしょうか？

　Please work harder. なんて声をかけたら大変！「もっと一生懸命、働いてくださいね」なんて意味になってしまいます。 日本人は丁寧にするつもりで、つい何にでも Please をつけますが、あまりにくどいと「頼むから…してくれ」という嫌

味になるので要注意です。

こんな時は Keep up the good work. なら「いい仕事を続けてね」→「がんばってね」と励ましの言葉になります。

【正解】
Keep up the good work.
（がんばってね［引き続きよろしく］）

Q5：「今、何時ですか？」と聞くなら？

時計を持たずに出かけてしまい、見知らぬ人に時間をたずねなければいけない時、あなたならどう声をかけますか？
「たしか『時間はありますか？』だから Do you have time? かな」と答えた人、それでは「ちょっと遊ばない？」なんてナンパの決まり文句になってしまいます。time は冠詞なしで使うと「暇、時間」ですが、the の冠詞をつけると具体的な時刻を表すことができます。

また、What time is it? や What is the time?、What time do you have?、Have you got the time? といった表現でも OK です。

【正解】
Do you have the time?
（今、何時ですか？）

> ☑ Chapter 3 　｜　スピーキング攻略法

Q6：「今日の仕事は終わったよ」と伝えるなら？

　帰り際、外国人の友人から飲み会のお誘いが。「仕事は？」と聞かれたので、「今日の仕事は終わったよ」と答えるなら、どう言いますか？

　My company is finished. と答えたら、相手は絶句してしまうかもしれません。なぜなら、これだと**「うちの会社はつぶれた（倒産した）」**なんて意味になってしまうからです。finish は結末を意味する語のため、company を主語にして言うとまず間違いなく「倒産」と思われます。

　こういう時は、**do の過去分詞である done** を使って答えるといいでしょう。

【正解】
I'm done for today.
（今日の仕事は終わったよ）

Q7：「ちょっと飲みに行こうよ」と誘うなら？

　飲み会ついでにもう一つ。帰り際、外国人のスタッフに「ちょっと飲みに行こうよ」と誘うなら、どう言いますか？

　Let's go drinking. なんて声をかけたら、ドン引きされるかもしれません。これだと**「とことん飲みあかそうぜ！」**なんてニュアンスになってしまうからです。最近は、飲みに誘うの

もパワハラと取られる時代ですから、スマートに声をかけるのが鉄則。こんな時は、have a drink（一杯やる）を使ってさりげなく誘いましょう。

【正解】
Let's have a drink.
（ちょっと飲みに行こうよ）

> **Q8：「もう少しで終わりそうです」と答えるなら？**

上司から仕事の進捗状況を聞かれて「もう少しで終わりそうです」と答えるなら、どう言いますか？

I almost finished. と答えたら、上司は残念そうな顔をするでしょう。なぜならこれは**「もう少しで終わったのに（終わらなかった）」**という意味になるからです。ゴール直前で力尽きて終わってしまうイメージです。

しかし be 動詞を入れ、be almost finished とすれば「もう少しで終わりそうだ」となります。be 動詞を抜かすだけで意味が変わることもありますから、注意しましょう。

【正解】
I'm almost finished.
（もう少しで終わりそうです）

> ☑ Chapter 3 ｜ スピーキング攻略法

Q9：「佐藤さんはオフィスを出ました」と答えるなら？

隣の佐藤さんあてに外国人から電話がかかってきましたが、佐藤さんはもう会社を出てしまいました。電話口でどう言えばいいでしょう？

Mr. Sato left office. と答えた人、いませんか？　こう答えたら、相手はびっくりするはず。なぜならこれだと**「佐藤さんは退職しました」**という意味になってしまうからです。**leave office は「仕事から離れる」＝「退職する」**ですが、**leave the office なら「オフィスを離れる」＝「オフィスから外出する」**という意味になります。冠詞1つの違いでも、意味は全く異なりますから注意してください。

【正解】
Mr. Sato left the office.
（佐藤さんはオフィスを出ました）

Q10：「約束があるんですが」と答えるなら？

約束通りに取引先へ打ち合わせに行ったところ、外国人の受付スタッフから「ご用件は？」と聞かれました。「約束があるんですが」と答えるならどう言えばいいでしょう？

I have a promise. と言ったら、相手は怪訝そうな顔をするでしょう。promise は「約束」ですが、打ち合わせなどの

約束ではなく、**個人的な約束を指すため「ちょっとプライベートの約束があって」**なんて意味に聞こえてしまいます。

このような時に使うのは、promiseではなくappointmentです。appointmentなら、「(日時や場所を決めた) 約束」となります。

【正解】
I have an appointment.
(約束があるんですが)

日常会話で非常によく耳にする間違い英語を紹介しました。傾向として、日本人は冠詞の有無と和製英語 (カタカナ英語) が弱点のようです。とはいえ弱点さえわかれば、あとは少しずつ克服すれば大丈夫！

何も言わないよりは、まず話すことが大事です。とりあえず何か答えれば、たとえ間違えてもやりとりしていくうちに誤解も解けるでしょう。

間違えることで 正しい英語は身につく。

間違えて、赤っ恥をかくことでこそ、正しい英語は身につきます。さぁ、めげずに今日もがんばりましょう！

☑ Chapter 3 ｜ スピーキング攻略法

クッション言葉でスピーキング上手に！

➲ クッション言葉を知っていますか？

「クッション言葉」を初めて聞いた人も多いと思います。これは**通常のフレーズにひとことはさむことで、表現を和らげたり、気配りができたりする魔法の言葉**です。

思いのままに発言すると、知らぬ間に人を傷つけてしまうことがあります。そんな時、クッション言葉を使うことでちょっと気の利いた大人の表現に。1ランク上のスピーキングを目指すなら、こんな言い回しも覚えましょう。

⏱ You know ...（ほら…だよね）

相手に何かを思い出させる時、また同意を求めるような時に You know ... を使います。このひとことを添えることで、「ほら、そう思うよね？」と相手に共感を求めることができます。

I'm reluctant to say anything negative to him.
（彼に否定的なことは言いたくない）

↓

You know, I'm reluctant to say anything negative to him.
（ほら、彼に否定的なことは言いたくないよね）

You put too much importance on your looks.
（あなたは自分の見た目ばかり気にしすぎだ）
↓
You know, you put too much importance on your looks.
（あのね、あなたは自分の見た目ばかり気にしすぎなんだよ）

I'm afraid ...（あいにく…、残念ながら…）

何かを断ったりお詫びをしたりする時、また少し厳しいことを伝える時、I'm afraid ... をまず言うことで申し訳なさや同情心を伝えられます。

I don't have time today.
（今日は時間がありません）
↓
I'm afraid I don't have time today.
（あいにく今日は時間がありません）

You're going to have to do this again.
（もう１回やり直しだね）
↓
I'm afraid you're going to have to do this again.
（残念ながら、もう１回やり直しだね）

They say ...（…らしい）

ストレートにものを言うと、キツく取られてしまうことがあります。そんな時、クッション言葉の They say ... を使うこ

とで遠回しな伝聞調にできます。

Money can't buy happiness.
（お金で幸福は買えないよ）
↓
They say money can't buy happiness.
（お金で幸福は買えないらしいよ）

We should create a new ad campaign targeting younger consumers.
（より若い消費者を対象にした新しい広告のキャンペーンをするべきだ）
↓
They say we should create a new ad campaign targeting younger consumers.
（より若い消費者を対象にした新しい広告のキャンペーンをするべきらしい）

⏱ I guess ...（…かな）

断言すると後々、問題になりそうなことは、**I guess ... と言ってから伝えることで曖昧にできます**。

Our marriage is destiny.
（私たちの結婚は運命づけられている）
↓
I guess our marriage is destiny.
（私たちの結婚は運命づけられてるのかな）

Everyone has to file a report on Thursday.
(全員が木曜日に報告書を提出しなければいけない)

↓

I guess everyone has to file a report on Thursday.
(全員が木曜日に報告書を提出しなければいけないかな)

You know, I was thinking ...（ほら、…かなぁ）

何かを提案する時に、You know, I was thinking ... の一言を入れることで、やんわりとした遠回しな提案になります。

Why don't you download the file?
(そのファイルをダウンロードしたら？)

↓

You know, I was thinking why don't you download the file?
(ほら、そのファイルをダウンロードしたらどうかな？)

You'd better consult a physician before trying such a diet.
(そんなダイエットを始める前に、医師に相談したほうがいいよ)

↓

You know, I was thinking you'd better consult a physician before trying such a diet.
(ほら、そんなダイエットを始める前に、医師に相談したほうがいいんじゃないかなぁ)

actually ... (実は…)

ちょっと決まりが悪いこと、意外なことを言う際に使うのがactually ...です。「本当のことを言うと…なんです」というニュアンスで、申し訳なさそうに言うと謙虚さが出せます。

The project hasn't started yet, has it?
(そのプロジェクトはまだスタートしてないんだよね)

↓

The project hasn't **actually** started yet, has it?
(そのプロジェクトは、実はまだスタートしてないんだよね)

Contrary to popular belief, vitamin supplements might not be very beneficial.
(一般的な考えに反して、ビタミンサプリメントは有効ではないかもしれない)

↓

Contrary to popular belief, vitamin supplements might not **actually** be very beneficial.
(一般的な考えに反して、実はビタミンサプリメントは有効ではないかもしれない)

⏱ apparently（どうやら…らしい）

「どうやら…らしい」と推測でものを言う際に便利なクッション言葉です。この一言をはさむことで断定を避け、伝聞調に表現することができます。

The airlines will have to suspend all the flights.
（航空会社は全便の運航を見合わせなければいけない）
↓
Apparently the airlines will have to suspend all the flights.
（航空会社はどうやら全便の運航を見合わせなければいけない）

They got in a big fight with their client.
（彼らはクライアントと大きくもめた）
↓
They apparently got in a big fight with their client.
（どうやら彼らはクライアントと大きくもめたようだ）

⏱ should（…したほうがいい）

やんわりと提案する際に便利な言葉が should です。should は「…すべきだ」という強いニュアンスだと思っている人がいますが、実際は「…したほうがいい」ぐらいの提案です。

I'll finish it by next week.
（来週までにはそれを終わらせる）
↓

I should finish it by next week.
(来週までにはそれを終わらせたほうがいいね)

I'll go now.
(もう行くよ)
↓
I should go now.
(もう行かないとね)

＊パーティなどで中座する際の決まり文句。名残惜しさが出せます。

..., if you don't mind（…もしよかったら）

文の最後に添えることで、ちょっとした気遣いを見せられるのが ..., if you don't mind です。アドバイスする際に一言添えれば、あなたの優しさを伝えられます。

I'll tell Tim you don't want to sit next to him.
(きみがティムの隣に座りたくないことを彼に伝えるよ)
↓
I'll tell Tim you don't want to sit next to him, if you don't mind.
(よかったら、きみがティムの隣に座りたくないことを彼に伝えるよ)

I'm going to take you around myself.
(私がご案内します)
↓
I'm going to take you around myself, if you don't mind.
(よろしければ、私が案内いたします)

or something（何か）

　はっきりとは言い切れず、表現をぼやかしたい時に便利なのが or something。文末につけ、「何か」と曖昧にすることで、限定することを避けられます。

The museum was closed for repairs.
（美術館は修理のせいで閉まってた）

↓

The museum was closed for repairs or something.
（美術館は修理か何かのせいで閉まってた）

Is that guy your supervisor?
（あの人はあなたの上司？）

↓

Is that guy your supervisor or something?
（あの人はあなたの上司か何か？）

　ほんの一言プラスするだけで、文全体の印象がグッと変わることがおわかりいただけたでしょうか？　こんな表現が自由自在に使えたら、スピーキングはもうお手のものです！

Chapter 4

リスニング攻略法

ネイティブの英語が聞き取れないのには、
ワケがあるって知っていましたか？
英語4技能で、一番すぐに
鍛えられるのがリスニング。
コツさえ覚えたら、
すぐに聞き取れるようになります！

手っ取り早く耳を鍛える最速法！

➡ まずはリスニングのルールをマスターしよう

　ネイティブではない日本人の皆さんが、英語を聞き取れないのは当たり前です。

ネイティブの英語が聞き取れないのにはワケがある

　って、ご存知でしたか？
「ネイティブはなまけ者」です。そのため実は、ネイティブが話すナチュラル・スピードの英語では、「言いやすさ」という理由から、**さまざまな音の省略や変化が起きています。**そのため辞書に載っている発音とは、まったく異なる発音になることも珍しくありません。**ある程度、音の変化のルールを知らないと、正確に聴き取ることはできないでしょう。**
　そこで代表的な音の変化である「連結」「脱落」「同化」にポイントを絞り、ご紹介しましょう。
　＊本章では便宜上、似た音を表すカタカナ読みを併記しました。

➲「連結」(linking) とは

Thank you. という言葉を「サンク・ユー」と発音する人はいませんよね? 「サンキュー」と、Thank の最後の k の音と you の最初の y の音がくっつき、「キュー」の音に変わります。簡単に言えば、これが音の「連結」(linking) です。

2つ以上の単語同士がくっつき、一つの異なる単語のように聞こえる音の変化を指します。

たとえば an orange が「アン・オレンジ」ではなく、an と orange がくっついて「アンノーレンジ」といった音になるのも連結です。

では、実際に音が連結されるとどうなるか、ネイティブの発音をスローとナチュラルの2種類で聞き比べてください。

▼ TRACK 27　slow & natural speed

① **an apple**［アナッポゥ］
② **come on**［カモン］
③ **far away**［ファーラウェイ］
④ **stop it**［スタッピッ(ト)］
⑤ **take out**［テイカウ(ト)］

会話は、まず単語をブツ切りにして言うことはありません。必ずつなげて発音しますから、実際の会話を繰り返し聞き、パターンを覚えるようにしましょう。

▼ TRACK 28　natural speed

① Here's an apple.
（リンゴがここにある）

② Can you come on the trip?
（旅行に来れる？）

③ My house is really far away.
（私の家はすごく遠い）

④ Stop it!
（やめてよ！）

⑤ Everyone, please take out your textbooks.
（みなさん、教科書を出してください）

●「脱落」(elision) とは

　Good job. と人をほめる時、「グッド・ジョブ」とは発音しません。「グッジョブ」と Good の最後の d の音を省略するはずです。このように、**音の組み合わせなどにより、ある音が省略されて聞こえなくなる変化を、音の「脱落」(elision)** と言います。

　単語が子音で終わり、その次の単語がまた子音で始まる場合、片方の子音が聞こえなくなることがあります。

　また、語尾の [d] [p] [t] などの音は弱く発音され、ほとんど聞こえない場合があります。これらの変化を、音の「脱落」(「弱化」) といいます。いくつかのパターンがあるので、その代表的なものをご紹介します。

☑ Chapter 4 ｜ リスニング攻略法

⏱ 同じ子音の連続→前の子音が弱くなる

　同じ子音が続く場合、片方が弱くなってほとんど聞こえなくなります。たとえば first time は同じ [t] の音が続きますが、最初の [t] の音が弱くなって「ファースト・タイム」→「ファースタイム」のようになります。

▼ TRACK 29　slow & natural speed

① good day [グッデイ]
② part time [パータイム]
③ take care [テイケァ]
④ this song [ディッソン(グ)]
⑤ with that [ウィザッ(ト)]

▼ TRACK 30　natural speed

① Have a good day.
（いい１日を）
② I work part time as a maid at a hotel.
（パートでホテルのメイドの仕事をしています）
③ I have to take care of my dog.
（うちの犬の世話をしないといけない）
④ What's this song on the radio?
（このラジオでかかってる曲は、なんという曲？）
⑤ What's wrong with that?
（あれ、どうしたのかな？）

⏱ 語末の [b] [d] [g] [k] [p] [t] →弱くなる

単語の最後に破裂音（[b] [d] [g] [k] [p] [t] などの音）が来ると発音されず、ほとんど聞こえないことがあります。たとえば good time は good の最後の [d] の音がほとんど聞こえなくなります。

▼ TRACK 31 slow & natural speed

① **don't mind** ［ドンマイン］
② **get back** ［ゲッバッ］
③ **keep it** ［キーピッ］
④ **last week** ［ラスウィー（ク）］
⑤ **next time** ［ネクスタイ（ム）］

▼ TRACK 32 natural speed

① **I don't mind.**
（私は気にしない）
② **I hope John can get back to the office before 3:00.**
（ジョンが3時までに会社に戻れるといいんだけど）
③ **For now, let's keep it between you and me.**
（今のところは、あなたと私だけの話にしておいて）
④ **I read a few books last week.**
（先週本を何冊か読んだ）
⑤ **He should study next time.**
（彼は次回は勉強したほうがいいね）

⏱ [n] の後にある [t] ➡ 弱くなる

[n] の後に [t] の音がある場合、音が弱くなる傾向にあります。場合によっては、聞こえないぐらいの時もあります。

たとえば数字の twenty の [n] の後の [t] は弱くなり「トゥェニィ」に近い発音になります。また want to をネイティブが「ウァナ」と発音するのも、このルールによるものです。

▼ TRACK 33 slow & natural speed

① painter［ペインナァ］
② plenty［プレニィ］
③ twenty［トゥェニィ］
④ want to［ウァナ］
⑤ winter［ウィナー］

▼ TRACK 34 natural speed

① She's a famous painter.
（彼女は有名な画家だ）
② There's still plenty of food left.
（料理はまだたくさん残っている）
③ She's twenty years old.
（彼女は20歳だ）
④ I want to eat pizza.
（ピザを食べたい）
⑤ Does England have cold winters?
（イギリスは冬が寒い？）

⏱ [t/d] と [n] に挟まれた母音 → 弱くなる

button を早く発音すると、「バトゥン」のような音になります。これは [t] と [n] にはさまれた音が鼻に抜けるような音になるからです。過去分詞形のように、最後に [n] がつく場合によく見られる現象ですから、ぜひ覚えましょう。

▼ TRACK 35　slow & natural speed

① button［バトゥン］
② garden［ガードゥン］
③ midnight［ミッナイ（ト）］
④ mitten［ミトゥン］
⑤ sudden［サドゥン］

▼ TRACK 36　natural speed

① Click on this button.
（このボタンをクリックしてください）
② Have you seen their garden?
（彼らの庭を見たことがある？）
③ The game won't start until after midnight.
（試合は午前0時過ぎまで始まらない）
④ If you're wearing red mittens, clap your hands.
（赤い手袋をしている人は拍手して）
⑤ All of a sudden, I saw a ghost.
（突然幽霊が見えたの）

☑ Chapter 4 | リスニング攻略法

⏱ アクセントのない母音・音節➡弱くなる

英語の場合、アクセントのある場所が強調されるので、もともとアクセントがついていない母音や、弱く発音される音節は、ほとんど聞こえなくなります。たとえばremember は、2音節目の me［メ］にアクセントが置かれるため、その前の re［リ］は添え物程度の音になります。

▼ TRACK 37　slow & natural speed

① because ［(ビ) コーズ］
② before ［(ビ) フォア］
③ especially ［(エス) ペシャリィ］
④ remember ［(リ) メムバァ］
⑤ probably ［プロ (バ) ブリィ］

▼ TRACK 38　natural speed

① **Because** we don't have very much time.
（時間があまりないからだよ）
② I have to clean up **before** going out.
（出かける前に掃除しなければいけない）
③ I **especially** like Mexican food.
（私は特にメキシコ料理が好きだ）
④ I can't **remember** her name.
（彼女の名前が思い出せない）
⑤ You're **probably** right.
（おそらくその通りだ）

ここで紹介した他にも、冠詞や代名詞、接続詞といった機能語（おもに文法的働きをする語）は、強調する場合をのぞいて弱く発音されるのが基本です。短縮されたり、前後の音とくっついて、ほとんど聞こえなくなることもあります。

なまけ者のネイティブは、発音でも、強調すべきところ以外は「手を抜き」ます。

　オンとオフに注意してリスニングすると、新しい発見があるかもしれません。

➔「同化」（assimilation）とは

　Would you like some coffee?（コーヒーはいかがですか？）と人にすすめる際、「ウッド・ユー…？」とは言いませんよね。「ウッジュー…？」と、Would の d と次の you の y を混ぜた音を発音しているはずです。
　このように隣りあった音同士が互いに影響して、片方または両方の音が一緒になって変化することを、音の「同化」（assimilation）といいます。

⏱ 語尾の［d］［t］＋半母音［j］➔同化する

　Could you ...?が「クッジュー…？」となるように、語尾の[d][t]と、次の語頭の[y]などが同化して異なる音になることがあります。後に you が続く際、よく起こる音の変化です。

▼ TRACK 39　slow & natural speed

① did you ［ディジュー］
② meet you ［ミーチュー］
③ mind you ［マインジュー］
④ hurt you ［ハーチュー］
⑤ would you ［ウッジュー］

▼ TRACK 40　natural speed

① Who did you talk to on the phone?
（電話で誰と話したの？）
② Nice to meet you.
（はじめまして）
③ Be sure to mind your manners.
（マナーに注意するように）
④ How did you hurt your arm?
（どうして腕をケガしたの？）
⑤ Would you like this for here or to go?
（店内かお持ち帰りかどちらですか？）

⏱ 母音にはさまれた [d] [t] ➡ ［ラ］や［ダ］に

　get up が「ゲラップ」と発音するように、[d] や [t] の音が母音にはさまれた場合、［ラ］や［ダ］のような音になることがあります。get の句動詞などによく見られる音の変化で、これを苦手とする日本人は多いです。繰り返し聴いて耳に慣らしましょう。

▼ TRACK 41　slow & natural speed

① **at all** [アローゥ]
② **better** [ベラ]
③ **get up** [ゲラップ]
④ **it is** [イティーズ]
⑤ **water** [ワラ]

▼ TRACK 42　natural speed

① **No, not at all.**
（いいえ、全然）
② **I like jazz music better.**
（私はジャズのほうがいい）
③ **You don't have to get up now.**
（今起きなくてもいいよ）
④ **I wonder how tall it is.**
（それの高さはどのくらいあるのかな）
⑤ **Do you need water to take the medicine?**
（薬を飲むのに、水はいりますか？）

⏱ "... of" の of ➜ [ア] に

... of というフレーズの場合、of の前の語尾の影響を受けて、of が [ア] のような音になることがあります。そのため、some of が [サマ] のような短い音になります。

☑ Chapter 4 ｜ リスニング攻略法

▼ TRACK 43 slow & natural speed

① all of [オーラ]
② kind of [カインダ]
③ lot of [ラタ]
④ out of [アウタ]
⑤ some of [サマ]

▼ TRACK 44 natural speed

① I finished all of it yesterday.
（私は昨日それを全部終えた）
② English idioms are kind of difficult to learn.
（英語の慣用句は難しいと言える）
③ April is a lot of fun.
（4月は楽しいことがたくさんある）
④ That item is out of stock.
（その商品は在庫切れです）
⑤ I've forgotten some of the details.
（詳細事項をいくつか忘れてしまった）

英語のリズムとイントネーション

英語に独特のリズムとイントネーションがあることは、もうお気づきですよね？

英語では、強く発音する場所と弱く発音する場所が、だいたい交互に現われます。

「〜〜〜〜」といった強弱のリズムのイメージです。

必ずしも等間隔ではありませんが、アクセントのない部分は速く弱く発音するなどして、一定のリズムを刻もうとします（そのため、先ほど説明したような音の変化が起こります）。

言葉を話す時の声の高低を、「イントネーション」といいます。英語では一般的に ① 疑問文のような上昇型、② ふつうの会話のような下降型、③ 英語特有の下降上昇型（一度下がってまた上がるもの）、④ 上昇下降型（一度上がってまた下がるもの）の大きく4種類があります。

イントネーションによって、疑問文か平叙文かを表したり、感情を伝えたり、中心となる情報をわかるようにすることができます。

こういった「英語ならではの音の特徴」を知っていると、リスニングする際に、ぐっと聞き取りやすくなります。ルールをマスターし、ぜひ検定試験などにも役立ててください。

次でリスニングの実践問題に挑戦し、「耳試し」しましょう。

☑ Chapter 4　|　リスニング攻略法

リスニングの実践問題に挑戦！

● 空所を補充しながら文章読解しよう

ここまでのおさらいとして、実際どの程度自分の耳が英文を聞き取れるか、実際の会話文で確認しましょう。

AB 2人の人が会話している音声を聞き、空所に当てはまる単語を答えてください。何回聞いても構いませんし、わからなくても構いません。

後のページで正しい英文も載せていますから、**ネイティブの音声を聞きながら、何度も目で文字を追っていってください。そうすれば、必ず聞き取れるようになります！**

【問題】音声を聞き、下の文章の空所に当てはまる単語を答えてください。

▼ TRACK 45

A: Have you given any thought to our offer?
B: I've talked (　) (　) (　) my team, but we'd still like to talk about price.
A: I see. As we mentioned (　), there's really (　) (　) we can go any lower without

risking customer satisfaction.

B: I understand (　) (　) . But have you considered alternate shipping methods?

A: It's company policy to ship via airmail rather than ground service.

B: What (　) (　) (　) that the shipment could arrive later in the year, say, in the spring?

A: (　) (　) give us more time to finalize product designs, but I'd (　) (　) (　) (　) headquarters about the change.

B: Are the details of the final delivery (　) ?

A: I think so. However, my client (　) (　) (　) small sample to demo the product before making a purchase.

B: That (　) (　) (　) (　) . What did you have in mind?

A: Ideally, (　) (　) three sample sizes.

B: I don't have the data in front of me, but (　) (　) (　) (　) to you once I have my computer up and running.

A: Okay, no rush. We're on Pacific time here, (　) (　) we're 17 hours ahead.

B: Understood. I'll have my people prepare the

☑ Chapter 4 ｜ リスニング攻略法

samples for shipment.
A: Thank you again (　　) (　　) (　　). Take care.

　　　　　　　　　＊　＊　＊

　どうでしたか？　どれぐらい聞き取れたでしょうか？　正解は以下の網かけ部分になります。改めてリスニングしながら、テキストを目で追っていき、どんな音が自分の弱点かを確認するといいでしょう。

▼ TRACK 45

【正解】
A: Have you given any thought to our offer?
B: I've talked it over with my team, but we'd still like to talk about price.
A: I see. As we mentioned before, there's really no way we can go any lower without risking customer satisfaction.
B: I understand your concern. But have you considered alternate shipping methods?
A: It's company policy to ship via airmail rather than ground service.
B: What if we agreed that the shipment could

arrive later in the year, say, in the spring?

A: That would give us more time to finalize product designs, but I'd need to talk to headquarters about the change.

B: Are the details of the final delivery set?

A: I think so. However, my client would like a small sample to demo the product before making a purchase.

B: That shouldn't be a problem. What did you have in mind?

A: Ideally, we'd like three sample sizes.

B: I don't have the data in front of me, but let me get back to you once I have my computer up and running.

A: Okay, no rush. We're on Pacific time here, so remember we're 17 hours ahead.

B: Understood. I'll have my people prepare the samples for shipment.

A: Thank you again for your time. Take care.

* * *

　ちなみにこの英文は201単語ですから、リーディング（黙読）ならおおよそ1分で読み終えたいものです。参考までに日本語

☑ Chapter 4　　リスニング攻略法

訳も紹介しますので、内容をきちんと把握できているか復習してください。

【日本語訳】
A: 私どもの申し出をご検討いただけましたか？
B: その件に関しうちのチームとも話をしたんですが、まだ価格について話をしたいんです。
A: なるほど。以前お話したように、顧客満足度をリスクにさらすことなく、価格をこれ以上引き下げる方法はまずありません。
B: 心配されるのはもっともです。しかし別の配送方法は検討されましたか？
A: 地上サービスではなく、航空便で発送することが会社の方針です。
B: 発送品の到着を年度の後半に、たとえば春ということで私どもが同意したらいかがでしょう？
A: そうすれば製品デザインを完成させるのにより時間をいただけるでしょうが、本部に変更について話をする必要があります。
B: 最終的な配送全体の準備はできていますか？
A: そう思います。でもうちのクライアントは、購入前に製品をデモンストレーションするために、多少のサンプルを希望しています。
B: それは問題ないです。どのようなものをお考えですか？
A: 理想を言えば、3つの見本用のサイズがほしいです。
B: 今、目の前にデータはありませんが、パソコンを立ち上げたら再度ご連絡します。
A: わかりました、急ぎません。こちらは太平洋標準時なので、17時間進んでいることをお忘れなく。
B: 了解しました。スタッフに出荷用のサンプルを準備させましょう。

A: お時間をいただき、重ねて御礼申し上げます。失礼いたします。

＊　＊　＊

　英語4技能のうち、実はリスニングが一番、上達しやすいです。毎日同じ音を聞いていれば、必ず聞き取れるようになりますから、あとはその繰り返しです。**根気よくさまざまな音声を聞くようにすれば、1ヶ月で成果が見える**でしょう。
「筋トレは成果が目に見えるから楽しい」と聞いたことがあります。同様に、

**「リスニングは成果が耳に聞こえ、
頭で理解できるから楽しい」**

と言える日が来ることを祈ります。

Chapter 5

学校英語の カン違い

a と the の違い、わかりますか？
I'm と I am が違うこと、知っていましたか？
日本人が、学校英語で教わらなかった
英語のニュアンスをまとめたのが本章です！

冠詞の使い方知っていますか?

➡ 冠詞はなぜいる?

最後に、学校英語でカン違いしやすい文法事項について解説しましょう。まずは日本語の感覚ともっとも違うとされる冠詞についてです。

おそらく日本人がぶち当たる最初の壁が「冠詞」です。日本語には冠詞がないため、なぜ英語に冠詞が必要か理解できないようです。しかし、

**ネイティブにとって、冠詞は重要です。
冠詞によって、意味が変わるからです。**

日本人は冠詞をつけ忘れたり、間違えたりしますが(大学の先生でもよく間違えていますから、みなさん安心してください!)、ネイティブならまず間違えません。なぜなら、意味がまったく違ってしまうからです。

➡ 不定冠詞の a/an、定冠詞の the

a/an は「ある1つのもの」と習ったと思います。しかしネイティブの感覚からすると**「どれでもいいものの1つ」**です。この「どれでもいいもの」という感覚が、非常に重要になります。

たとえば「パリのアメリカ人」というミュージカルのタイトルは、An American in Paris です。なぜ The American ... ではなく An American ... なのかというと、「特に誰と指定しない、パリにあまたいるアメリカ人のうちの1人」という意味だからです。これが The American in Paris だと、まったく異なる意味になります。

⏱ 定冠詞の the とは？

一方、定冠詞の the は「『その』と前後関係から特定できるもの」と習ったと思います。しかしこれも、個人的には**「改めて説明しなくても、わかりきっていることをまとめるために the を使う」**と考えています。

たとえば「月」は the moon ですが、これも「太陽系で5番目に大きい地球唯一の衛星である、月」なんて説明を言わずとも、the をつけることで「（万国共通のあの）月」と、世界中の人がわかるのです。

Look at the bird. と言えば「（あなたにも見えているであろう、あそこを飛んでいる）その鳥を見て」と、これまた長々と説明しなくてもわかることを the の1語でまとめたことになります。

では、そんなことを頭に入れて、次の英文を日本語にするとどうなるでしょうか？

① I need to go to a bank.
② I need to go to the bank.

161

不定冠詞のaは「どれでもいいものの1つ」ですから「どこでもいい銀行」に。定冠詞のtheは「わかりきっていることをまとめるためのthe」ですから、「いつも行っているあの銀行」とか「うちの会社の口座がある例の銀行」とか、話者同士がお互いに特定できる銀行になります。そのため答えは以下のようになるでしょう。

【正解】
① （どこでもいいから）銀行に行かないと。
② （いつも行っている）あの銀行に行かないと。

　念のためもう1問、訳してみましょう。

> ① Bring me a magazine.
> ② Bring me the magazine.

　aとtheのニュアンスの違いはもうわかりましたね？ aは「どれでもいい雑誌」、theは「話者同士が特定できる雑誌」です。

【正解】
① （どれでもいいから）雑誌を1冊取って。
② （いつも読んでいる）その雑誌を取って。

　「aとtheの違いがよくわからないから、テストではとりあえずいつも適当にtheをつけてた」なんて人もいるようですが、**違いがわかると、いい加減にaやtheをつけることなんてできませんよね？** それこそ**ネイティブ感覚**です！

☑ Chapter 5 　学校英語のカン違い

● 無冠詞って何？

　a と the の使い方がわかったら、最後は無冠詞です。無冠詞とは、a も the もつかない名詞のみの形をいいます。

　国の名前や（Japan には冠詞をつけませんよね？）、湖や港、数字、単体としての山（富士山は Mount Fuji です）、曜日、季節、スポーツ、食事、液体、粉、チーズなどの不定形のものなどは、基本的に無冠詞で使います。

　よく「ネイティブはどうやって、冠詞の有無を区別するんですか？」と聞かれますが、答えはひとつ。

ふだんから冠詞をつけて
モノの名前を言う。

　これしかありません！

　私が不思議に思うことのひとつに、日本人が英単語を「単語のみで覚えようとすること」があります。

　ネイティブは、赤ちゃんに言葉を教える時も This is "cat."（これが猫だよ）なんて言いません。This is "a cat." と**常に冠詞と名詞をセット**で覚えさせます。

　最初からセットで覚えれば、「a milk とは言わないから milk は無冠詞なんだ」「a dog と言うから、無冠詞の dog じゃダメなんだ」というルールが、自然に感覚として身につくはずです。

　ネイティブが冠詞を間違えないのは、名詞と冠詞をセットで覚えているからなのです。

➲ 不定冠詞と無冠詞の違い

ではここで、私が冠詞の違いを説明する際の鉄板ネタをご紹介しましょう。次の英語を日本語にしてください。さあ、レストランでこう注文すると、何が出てくるでしょう？

> ① I'd like hamburger, please.
> ② I'd like a hamburger, please.

違いは不定冠詞 a の有無だけ。a が付くと「どれでもいいものの1つ」、つまり「1個」と数えられるものになるのがヒントです。

【正解】
① ハンバーグをお願いします。
② ハンバーガーをお願いします。

②の a hamburger は、a が付くので「1個と数えられるもの」=「形のある1つの固体」となります。ですので、そのまま a hamburger =「1個のハンバーガー」となります。このように**「数えられる名詞」**を**「可算名詞」**と呼びます。

問題は、①の無冠詞の場合です。hamburger がなぜ「ハンバーグ」になるのか？

それは、無冠詞の hamburger は**「数えられない名詞」**つまり**「不可算名詞」**だからです。

☑ Chapter 5 ｜ 学校英語のカン違い

➡ 可算名詞と不可算名詞

　一般的な**「形ある個体」**は、1個、2個と数えられます。**数えられるから、「1つ」を表すaをつけることができます。**

　それに対し**「決まった形のない」「1個、2個と数えられないもの」**を「不可算名詞」といい、**数えられないのでaをつけられません**。そのためtheをつける以外は、基本的に無冠詞で使います。

「決まった形のない」「1個、2個と数えられないもの」に何があるかといえば、water（水）などの液体、coal（石炭）やair（空気）などの物質・気体、beauty（美）などの抽象的で不定形のものが挙げられます。

　そう、先ほどの無冠詞のhamburgerは、固体の「ハンバーガー」ではなく、不定形の「グチャグチャなひき肉のかたまり（＝ハンバー<u>グ</u>）」なのです。

　aがないから「(固体ではない) 不定形の数えられないもの＝ハンバーグ」となります。まさにこれが、aの有無の違いなのです（私はこれを「ハンバーグの法則」と読んでいます）。

ではもう1問、次の英語を日本語にするとどうなりますか？

> ① Would you like chicken?
> ② Would you like a chicken?

　食肉の場合、牛ならbeef、豚ならporkと、動物の名前とは別に食肉としての名前があります。しかし食肉名のないchicken（鶏）の場合、「鶏肉」を表現する場合「無冠詞」にします。これはpigeon（鳩）なども同じです。そのため①の

165

chicken なら「鶏肉」ですが、②の a chicken だと羽のついた生きた鶏を表すことになります。そのため正解は…。

【正解】
① 鶏肉はいかがですか？
② 1羽の鶏はいかがですか？

飛行機の中などでは、Would you like chicken or beef?（鶏肉か牛肉はいかがですか？）と①に似たフレーズで聞かれます。②は1羽、2羽と数えられる鶏のことですから、複数いれば複数形にもなります。

笑い話のようですが、実際に次のような問題が日本の私立高校の入試で出されました。これはネイティブ教師の間では、伝説にもなっている問題です（少しだけ表現を変えました）。

冠詞のまとめ問題として、次の英文を日本語にしてください。

① Linda has a cat.
② Linda has the cat.
③ Linda has cat.

ここまでの内容を理解していれば、わかりますよね？

【正解】
① リンダはネコを1匹飼っている。
② リンダが飼っているのはそのネコだ。
③ リンダはネコ肉を持っている。

冠詞の違いで、これだけ意味は変わります。①と②は、たか

が a と the の違いと思うかもしれませんが、意図的に使い分ける必要があります。

また、まさか③はあり得ないと思うかもしれませんが、ホラー映画ならこんな言い回しが出てきてもおかしくありません。

この問題の作成者は、やはりネイティブの先生だそうです。とはいえ高校入試でこの問題を出されても、今の日本の英語教育では、その真意を汲み取って解けた生徒はまずいないでしょう。

可算名詞の不規則な複数形

ここで問題となるのが、可算名詞と不可算名詞です。**可算名詞は一定の形がある数えられる名詞です**。複数形になる時は基本的に -s が付きますが、例外的に不規則に変化する名詞もあります。

今さらかもしれませんが、次の名詞の複数形と意味を答えられますか？　いずれも日常生活やビジネスで必要とされる単語ですので、ぜひ覚えてください。

① analysis
② basis
③ datum
④ diagnosis
⑤ foot
⑥ half
⑦ life
⑧ quiz
⑨ -self
⑩ tooth

【正解】
① analyses(解析)
② bases(基礎)
③ data(データ、資料)
④ diagnoses(診断)
⑤ feet(足)
⑥ halves(半分)
⑦ lives(生命、人生)
⑧ quizzes(クイズ)
⑨ -selves(…自身)
⑩ teeth(歯)

「不規則」とはいいますが、語尾によっては何となくルール化できるものもあります。これらは何度も**繰り返し「口にする」ことで、身体に自然に覚えこませましょう。**

➲ 不可算名詞はイメージで覚えよう!

不可算名詞は**「不定形で具体的な形を持たず、1個、2個と数えられないもの」**です。感覚的に覚えると「ああ、なるほど、こういうものね」となり簡単です。ためしに、次の日本語を英語にしてください。これらはすべて不可算名詞です。

【食品】➡定まっていない形をイメージ!
① パン   ② キャベツ
③ シリアル   ④ チーズ

☑ Chapter 5 | 学校英語のカン違い

- ⑤ 肉
- ⑥ 米
- ⑦ 塩
- ⑧ 砂糖

【正解】
- ① bread
- ② cabbage
- ③ cereal
- ④ cheese
- ⑤ meat
- ⑥ rice
- ⑦ salt
- ⑧ sugar

【飲み物・液体】➡ 液体に決まった形はないですよね？
- ① ビール
- ② コーヒー
- ③ 牛乳
- ④ 油
- ⑤ お茶
- ⑥ 水
- ⑦ ワイン
- ⑧ ヨーグルト

【正解】
- ① beer
- ② coffee
- ③ milk
- ④ oil
- ⑤ tea
- ⑥ water
- ⑦ wine
- ⑧ yogurt

【物質・気体】➡ 決まった形はないですよね？
- ① 空気
- ② 石炭
- ③ ガソリン
- ④ 金
- ⑤ 氷
- ⑥ 紙

> ⑦ 雨　　　　　　　　⑧ 材木

【正解】
① air
② coal
③ gasoline
④ gold
⑤ ice
⑥ paper
⑦ rain
⑧ wood

> 【抽象的なもの】➡1個、2個と数えられませんね？
> ① 助言　　　　　　　② 美
> ③ 勇気　　　　　　　④ 健康
> ⑤ 情報　　　　　　　⑥ 知識
> ⑦ ニュース　　　　　⑧ 交通

【正解】
① advice
② beauty
③ courage
④ health
⑤ information
⑥ knowledge
⑦ news
⑧ traffic

> 【全体でイメージするもの】➡単体ではなくひとかたまりで
> ① 洋服　　　　　　　② 家具
> ③ 宿題　　　　　　　④ 宝石
> ⑤ 荷物　　　　　　　⑥ 郵便
> ⑦ お金　　　　　　　⑧ 仕事

【正解】

① clothing
② furniture
③ homework
④ jewelry
⑤ luggage
⑥ mail
⑦ money
⑧ work

どうです？ 何となく不可算名詞の不定形で数えられないイメージがつかめましたか？

➲ 不可算名詞は容器に入れて数えよう！

では、不可算名詞は本当に「数えられない」のでしょうか？ いえいえ、そんなことはありません。

不可算名詞も数えられます。

この辺り、学校では時間がないので「あとは参考書を読んでおいて」ぐらいで終わってしまうこともあるようです。

不可算名詞は形が決まっていないので、1個、2個とは数えられません。だから、スプーンや缶といった**「その形にあった容れ物」に入れて数えられるようにする**のです。

「箸は一膳、二膳。タンスは一竿、二竿。靴は一足、二足…」という日本の数え方も、文字で覚えようとすると大変ですが、日常的に使っていれば自然と覚えますよね？

それと同じで、毎日繰り返し口にして、自然に言えるようにしましょう！

では、次の不可算名詞はどのように数えるでしょうか？ 英

語で答えてください。

① ご飯1膳
② 石鹸1個
③ ひと盛りの食べ物（1人前の食べ物）
④ パン1斤
⑤ 家具1点
⑥ 紙1枚
⑦ 土地1平方メートル
⑧ セロリ1本
⑨ 板チョコ1枚
⑩ 1本の歯磨き粉
⑪ 1束の薪
⑫ ガソリン1ガロン
⑬ 1インチの雨
⑭ オレンジジュース1パック
⑮ ビール1パイント（約0.5リットル）
⑯ ハム1切れ
⑰ ココア1さじ
⑱ 塩1グラム
⑲ 角砂糖1個
⑳ 肉1ポンド（約450グラム）

【正解】
① a bowl of rice
② a cake of soap
③ a helping of food

④ a loaf of bread
⑤ a piece of furniture
⑥ a sheet of paper
⑦ a square meter of land
⑧ a stick of celery
⑨ a bar of chocolate
⑩ a tube of toothpaste
⑪ a bundle of wood
⑫ a gallon of gasoline
⑬ an inch of rain
⑭ a packet of orange juice
⑮ a pint of beer
⑯ a slice of ham
⑰ a spoonful of cocoa
⑱ a gram of salt
⑲ a cube of sugar
⑳ a pound of meat

ご飯のbowl（丼）、パンのloaf（斤）という単位はセットで覚えるようにしましょう。

I'm と I am は違う！

➔ 短縮形はなぜ使う？

今さらかもしれませんが、I am と I'm でニュアンスが違うのはご存知でしょうか？

ライティングのところで「I will と I'll は違う」と説明したように、基本的に短縮形はニュアンスが変わります。

大雑把にいえば「オリジナルの形はフォーマルで仰々しい言い方、短縮形はカジュアルな軽い言い方」と言えるかもしれません（他に多少ニュアンスも変わりますが）。

では I am と I'm でどれぐらい違うか、ニュアンスを出して、次の英語を日本語にしてください。

① I am a student.
② I'm a student.

【正解】
① 私は学生である。
② 私は学生です。

①は省略のない本来の形で、強いて日本語に訳せば「私は…であります」に近い、かしこまった言い方になります。ふつう

の日常会話では、何か理由がない限りこのような言い方はしないでしょう。このような言い回しをどこで使うといえば、大統領の演説のようなフォーマルな言い方をする時です。大統領の一般教書演説などでは、重々しさを出すために、あえて省略形は使わないようにします。

一方②が省略形で、一般的な日常会話やメールなどは、基本的にこちらを使います。

なんとなく、ニュアンスの違いはわかりましたか？

では、復習を兼ねて次の英文を日本語にするとどうなるでしょうか？

① She is busy from 3:00 to 6:00.
② She's busy from 3:00 to 6:00.

【正解】
① 彼女は、3時から6時は忙しいんです。
② 彼女、3時から6時は忙しいんだ。

①はかしこまった言い方で、なおかつ「…なんです」と強調しているようにも聞こえます。

それに対し②は、ふつうに「…なんだ」と軽く言っているようなイメージになります。

省略形とオリジナルの違いが、わかったでしょうか？　これはbe動詞だけでなく、doなども同様です。

では、次の英文を日本語にするとどのようになるでしょうか？

① Do not touch that.
② Don't touch that.

【正解】
① それに触るな！
② それに触らないで。

　① Do not ... と言うと、「…するな！」という非常に厳しい禁止になります。たとえば絶対に触ってはいけない危険物がある場合、DO NOT TOUCH. と書かれた紙を貼るように、日常的にはまず使わない、きつい表現です。

　一方、②の Don't ... なら「…しないで」という、一般的な命令になります。

　否定表現の場合、省略形を使わないと非常にキツく聞こえることもあるので、注意して使うようにしましょう。

☑ Chapter 5 　学校英語のカン違い

何はともあれ数字が大事!

➡ 買い物でも銀行取引でも、一番大事なのは数字!

「本の最後に一番大事なことを書くとは何事?!」と怒られてしまうかもしれませんが、**一番最初に覚えるべき英語は「数字」**かもしれません。

買い物はもちろん、電話番号を聞くにも、予算を決めるにも、取引するにも、すべて数字がモノを言います。**重要な案件ほど、お互いが誤解のないよう、数字で確認する必要**があります。

それなのに、日本の英語教育では数字の指導がなおざりだと感じるのは、私だけでしょうか?

あなたは、英語の数字が
正しく読めますか?
正しく書けますか?

学校では、ゼロから100までの数字と、1,000などの区切りの数字は習いますが、実際にビジネスでよく使うであろう1万以上や小数点の入った数字の読み方、また分数の読み方などはなかなか習わないようです。

しかしこれからのグローバル社会、億単位の数字を英語で動かせるようにならなくては、日本の未来はありません!

読み方に自信のない人は、ぜひ本書で正しい読み方を覚えて

ください。**一度覚えれば一生モノですよ!**

➡ カンマで読む癖をつける!

　数字に関する、英語と日本語の根本的な違いに、桁数の単位があります。単位となる区切りが違うので、ひどく混乱するようです。ここでは一度、日本語風の読み方は捨て、英語脳に切り替えて数字を読むようにしましょう。

　英語では、**1,000 以上の数は3桁ずつの単位で読みます。**これが非常に重要です。算用数字で「1,000」と3桁ずつにカンマが入っているのは**「桁の単位が変わるから」**。

　ですから簡単にいえば、

<u>カンマのところで単位を変えればいい</u>

のです。日本語よりも、簡単ですよね?

1,000 は thousand で、そこから3桁ずつ million、billion、trillion と単位が変わっていきます。

　文字よりも、図で説明したほうがわかりやすいですね。

1,000,000,000,000
　↑　　　　↑　　　　↑　　　　↑
trillion　billion　million　thousand

　このように、**3桁ずつ単位を変えて読んでいき、さらに「...hundred＋2桁の数字」を繰り返せば大丈夫**です。

では、練習してみましょう。数字に関しては「間違えずに言える」ことを目指しましょう。知り合いの大学教授で、フラッシュカードにして学生に次々と読ませているという人がいますが、とてもいいアイデアだと思います。

> 「9,876」を英語で言うと？

【正解】
Nine thousand eight hundred seventy six

> 「9,871,234,567,890」を英語で言うと？

【正解】
Nine trillion, eight hundred seventy one billion, two hundred thirty four million, five hundred sixty seven thousand, eight hundred ninety

カンマで単位が切り替わりますから、カンマを目印にしましょう。単位の後には常に「... hundred + 2桁の数字」、そしてまた単位の後に「... hundred + 2桁の数字」を繰り返せばOKです。簡単ですよね？

⏱ 小数点以下の読み方

　小数点以下の数字は、**「0 は zero、小数点は point、小数点以下の数字は 1 つずつ」**読み上げます。point さえ読めば、あとは数字の羅列でいいので簡単です。では、これも練習しましょう。

> 「3.1415926」を英語で言うと？

【正解】
Three point one four one five nine two six

　数字の間に「.（ポイント）」を入れればいいだけなので、小数点は簡単です。整数部分は先ほどの 3 桁ずつの読み方で、「.（ポイント）」より下は数字を 1 つずつ読み上げます。

⏱ 分数の読み方

　分数の読み方を知っている人は、あまりいないようです。ちなみに分数は、英語で fraction と言います。
「半分」と英語で言いたい時に、どう言えばいいかご存知ですか？　最低限知っておくべきルールを覚えましょう。
　分数を読む時は、**まず分子を読み、そのあとに分母を序数**で読みます。分母を序数にするのがポイントです。日本語は読む順番が逆ですから、注意してください。

> Chapter 5　学校英語のカン違い

では、次の分数を英語で読むとどうなるでしょう？

---
① 1/2（2分の1：半分）
② 1/3（3分の1）
③ 2/4（4分の2）
④ 3/5（5分の3）
⑤ 3 5/7（3と7分の5）

【正解】
① a (one) half
② a (one) third
③ two quarters
④ three fifths
⑤ three and five sevenths

③で quarters と quarter に s が付くのは、分子が複数だからです。同様の理由で、④も fifths と s が付きます。「えっ、序数も複数形になるの？！」と思うかもしれませんが、なるんです。そこが要注意でもあります。

分数を覚えるなら、序数の読み方を復習する必要がありますね。日本の英語学校の盲点の1つが序数で、first、second、third ぐらいしか序数を言えない人が多いようです。

8から25までの序数を言えますか？

181

【正解】

① eigh<u>th</u>（8） ＊スペルに注意
② ni<u>nth</u>（9） ＊スペルに注意
③ tenth（10）
④ eleventh（11）
⑤ twel<u>fth</u>（12） ＊スペルに注意
⑥ thirteenth（13）
⑦ fourteenth（14）
⑧ fifteenth（15）
⑨ sixteenth（16）
⑩ seventeenth（17）
⑪ eighteenth（18）
⑫ nineteenth（19）
⑬ twent<u>ieth</u>（20） ＊スペルに注意
⑭ twenty-first（21）
⑮ twenty-second（22）
⑯ twenty-third（23）
⑰ twenty-fourth（24）
⑱ twenty-fifth（25）

　…となり、30以降は20以降と同様の変化になります。8や9、12、20はスペルにも注意してください。

日付の読み方

　意外によく使うのが「日付」です。書類を書いた日、サインをした日など、さまざまな場面で書く必要があります。

☑ Chapter 5 ｜ 学校英語のカン違い

次の日付を、英語だとどのように書きますか？

> 2020 年 7 月 24 日

【正解】
7/24/2020
July 24, 2020 (July 24th, 2020)
July twenty-fourth, twenty twenty
Friday, July 24, 2020 (Friday, July 24th, 2020)

　まず 2020 年は、Two thousand and twenty でも、Twenty twenty でも OK です。カジュアルな場では Twenty twenty がよく使われます。
　ちなみに年号は、100 の位と 10 の位の間で区切ります。数字は序数を使わず、ふつうの読み方で OK。**英語は頭から読む言語**ですから、一番左にある「位の大きいもの」から読みます。
　次の年号を読むとどうなりますか？

> 794 年

【正解】
seven (hundred and) ninety-four

　アメリカ英語では「月／日／年」の順ですが、イギリス英語だと「日／月／年」です。このややこしさが、日付をわかりに

くくしています。

では、次の年号はどのように読みますか?

> 1192 年

【正解】
eleven ninty-two
one thousand (and a) one hundred ninety two

　4桁の年号の場合、千の位で区切ってthousandを使っても、2桁ずつ区切って読んでも大丈夫です。簡単さから、カジュアルな場では2桁ずつに区切って読むことが多いようです。

⏱ 時刻の読み方

時刻には、大きく分けて次の2つの読み方があります。

① 「…時〜分」
② 「…時〜分過ぎ」「…時まであと〜分」

②の場合、「〜分過ぎ」か「あと〜分」かは、どちらか近い時間で表します。
「…時〜分過ぎ」の場合、pastかafterを、**「…時まであと〜分」**の場合、toかbeforeを使います。

Chapter 5　学校英語のカン違い

では、以下の時間を英語にしてください。

> ① 7時5分
> ② 8時10分
> ③ 9時15分

【正解】
① seven oh five
   five (minutes) past/after seven

② eight ten
   ten (minutes) past/after eight

③ nine fifteen
   a quarter past/after nine　＊quarterで15分

日本語でも「9時15分過ぎ」「10時10分前」などと言うように、英語でも時間の読み方は複数あります。

①「5分」の時には「05」だとわかるよう、oh five と表すことがあります。また③ 15分は「1時間の4分の1」であることから quarter も使えます。

聞き取れるようになるのはもちろんですが、相手から急に聞かれても、すぐに何時何分か答えられるようにしましょう。

青春新書 INTELLIGENCE

こころ涌き立つ「知」の冒険

いまを生きる

"青春新書"は昭和三一年に——若い日に常にあなたの心の友として、その糧となり実になる多様な知恵が、生きる指標として勇気と力になり、すぐに役立つ——をモットーに創刊された。

そして昭和三八年、新しい時代の気運の中で、新書"プレイブックス"にその役目のバトンを渡した。「人生を自由自在に活動する」のキャッチコピーのもと——すべてのうっ積を吹きとばし、自由闊達な活動力を培養し、勇気と自信を生み出す最も楽しいシリーズ——となった。

いまや、私たちはバブル経済崩壊後の混沌とした価値観のただ中にいる。その価値観は常に未曾有の変貌を見せ、社会は少子高齢化し、地球規模の環境問題等は解決の兆しを見せない。私たちはあらゆる不安と懐疑に対峙している。

本シリーズ"青春新書インテリジェンス"はまさに、この時代の欲求によってプレイブックスから分化・刊行された。それは即ち、「心の中に自らの青春の輝きを失わない旺盛な知力、活力への欲求」に他ならない。応えるべきキャッチコピーは「こころ涌き立つ"知"の冒険」である。

予測のつかない時代にあって、一人ひとりの足元を照らし出すシリーズでありたいと願う。青春出版社は本年創業五〇周年を迎えた。これはひとえに長年に亘る多くの読者の熱いご支持の賜物である。社員一同深く感謝し、より一層世の中に希望と勇気の明るい光を放つ書籍を出版すべく、鋭意志すものである。

平成一七年　　刊行者　小澤源太郎

著者紹介
デイビッド・セイン〈David Thayne〉

米国生まれ。証券会社勤務後に来日。日本での35年を越える英語指導の実績をいかし、AtoZ GUILDと共同で英語学習書、教材、Webコンテンツの制作を手掛ける。累計400万部を超える著書を刊行、多くがベストセラーとなっている。AtoZ English（www.atozenglish.jp）主宰。

青春新書 INTELLIGENCE
英会話 その勉強ではもったいない！
（えいかいわ　そのべんきょうではもったいない！）

2019年6月15日　第1刷

著　者　　デイビッド・セイン

発行者　　小澤源太郎

責任編集　株式会社プライム涌光
　　　　　電話　編集部　03(3203)2850

発行所　東京都新宿区若松町12番1号　〒162-0056　株式会社青春出版社
電話　営業部　03(3207)1916　　振替番号　00190-7-98602

印刷・中央精版印刷　　製本・ナショナル製本
ISBN978-4-413-04570-4
©David Thayne 2019 Printed in Japan

本書の内容の一部あるいは全部を無断で複写(コピー)することは著作権法上認められている場合を除き、禁じられています。

万一、落丁、乱丁がありました節は、お取りかえします。

こころ湧き立つ「知」の冒険!

青春新書 INTELLIGENCE

「炭水化物」を抜くと腸はダメになる	松生恒夫	PI-458
図説 王朝生活が見えてくる! 枕草子	川村裕子[監修]	PI-459
撤退戦の研究 繰り返されてきた失敗の本質とは	半藤一利 江坂彰	PI-460
図説「合戦図屏風」で読み解く! 戦国合戦の謎	小和田哲男[監修]	PI-461
ドイツ人はなぜ、1年に150日休んでも仕事が回るのか	熊谷徹	PI-462
「正論バカ」が職場をダメにする	榎本博明	PI-463
墓じまい 墓じたくの作法	一条真也	PI-464
野村の真髄 「本当の才能」の引き出し方	野村克也	PI-465
城と宮殿でたどる 名門、家の悲劇の顛末	祝田秀全[監修]	PI-466
お金に強くなる生き方	佐藤優	PI-467
「上司」という病 上に立つと「見えなくなる」もの	片田珠美	PI-468
バカに見える人の習慣 知性を疑われる60のこと	樋口裕一	PI-469
上司失格! 「結果を出す」のと「部下育成」は別のもの	本田有明	PI-470
一瞬で体が柔らかくなる動的ストレッチ	矢部亨	PI-471
図説 読み出したらとまらない! ヒトと生物の進化の話	上田恵介[監修]	PI-472
恋の百人一首 ことばで想いが伝わる!	堀田秀吾	PI-473
人間関係の99%はことばで変わる!	吉海直人[監修]	PI-474
入試現代文で身につく論理力 頭のいい人の考え方	出口汪	PI-475
危機を突破するリーダーの器(うつわ)	童門冬二	PI-476
普通のサラリーマンでも資産を増やせる「出直し株」投資法	川口一晃	PI-477
2週間で体が変わるグルテンフリー健康法	溝口徹	PI-478
一流は、なぜシンプルな英単語で話すのか	柴田真一	PI-479
話がつまらないのは「哲学」が足りないからだ	小川仁志	PI-480
何を捨て何を残すかで人生は決まる	本田直之	PI-481

青春新書 INTELLIGENCE

こころ湧き立つ「知」の冒険！

喋らなければ負けだよ	古舘伊知郎	PI-482
イチロー流 準備の極意	児玉光雄	PI-483
世界を動かす「宗教」と「思想」が2時間でわかる	藪山克秀	PI-484
腸から体がよみがえる「胚酵食（はいこうしょく）」	森下敬一 石原結實	PI-485
江戸っ子はなぜこんなに遊び上手なのか	中江克己	PI-486
能力以上の成果を引き出す本物の仕分け術	鈴木進介	PI-487
名僧たちは自らの死をどう受け入れたのか	向谷匡史	PI-488
健康診断 その「B判定」は見逃すと怖い	奥田昌子	PI-489
一流はなぜ「シューズ」にこだわるのか	三村仁司	PI-490
やってはいけない脳の習慣 2時間の学習効果が消える！	川島隆太[監修] 横田晋務[著]	PI-491
呉から明かされたもう一つの三国志	渡邉義浩[監修]	PI-492
偏差値29でも東大に合格できた！「捨てる」記憶術	杉山奈津子	PI-493
歴史が遺してくれた日本人の誇り	谷沢永一	PI-494
「プチ虐待」の心理 まじめな親ほどハマる日常の落とし穴	諸富祥彦	PI-495
図説 教養として知っておきたい日本の名作50選	本と読書の会[編]	PI-496
人工知能は私たちの生活をどう変えるのか	水野 操	PI-497
若者はなぜモノを買わないのか 「シミュレーション消費」という落とし穴	堀 好伸	PI-498
自律神経を整えるストレッチ 自分でできる、心と体をゆるめる習慣	原田 賢	PI-499
40歳から眼がよくなる習慣 老眼、スマホ老眼、視力低下…に1日3分の特効！	日比野佐和子 林田康隆	PI-500
林修の仕事原論 壁を破る37の方法	林 修	PI-501
最短で老後資金をつくる確定拠出年金こうすればいい	中桐啓貴	PI-502
歴史に学ぶ「人たらし」の極意	童門冬二	PI-503
インドの小学校で教えるプログラミングの授業	ジョシ．アシシュ 織田直幸[監修]	PI-504
急に不機嫌になる女 無関心になる男	姫野友美	PI-505

青春新書 INTELLIGENCE
こころ涌き立つ「知」の冒険!

人は死んだらどこに行くのか	世界の宗教の死生観	島田裕巳	PI-506
ブラック化する学校	少子化なのに、なぜ先生は忙しくなったのか?	前屋 毅	PI-507
僕ならこう読む	「今」と「自分」がわかる12冊の本	佐藤 優	PI-508
江戸の長者番付	殿様から商人、歌舞伎役者に庶民まで	菅野俊輔	PI-509
「減塩」が病気をつくる!		石原結實	PI-510
隠れ増税	なぜあなたの手取りは増えないのか	山田 順	PI-511
大人の教養力	この一冊で芸術通になる	樋口裕一	PI-512
スマートフォンその使い方では年5万円損してます		武井一巳	PI-513
「血糖値スパイク」が心の不調を引き起こす		溝口 徹	PI-514
こんなとき英語でどう切り抜ける?		柴田真一	PI-515
その「もの忘れ」はスマホ認知症だった		奥村 歩	PI-516
「糖質制限」その食べ方ではヤセません		大柳珠美	PI-517
浄土真宗ではなぜ「清めの塩」を出さないのか		向谷匡史	PI-518
皮膚は「心」を持っていた!	「第三の脳」ともいわれる皮膚がストレスを消す	山口 創	PI-519
その「英語」が子どもをダメにする	間違いだらけの早期教育	榎本博明	PI-520
頭痛は「首」から治しなさい	慢性頭痛の9割は首こりが原因	青山尚樹	PI-521
日本語のへそ		金田一秀穂	PI-522
「系図」を知ると日本史の謎が解ける		八幡和郎	PI-523
英語にできない日本の美しい言葉		吉田裕子	PI-524
AI時代を生き残る仕事の新ルール		水野 操	PI-525
速効!漢方力	抗がん剤の辛さが消える	井齋偉矢	PI-526
公立中高一貫校に合格させる塾は何を教えているのか		おおたとしまさ	PI-527
ニュースの深層が見えてくるサバイバル世界史		茂木 誠	PI-528
40代でシフトする働き方の極意		佐藤 優	PI-529

青春新書 INTELLIGENCE

こころ涌き立つ「知」の冒険!

図説 一度は訪ねておきたい! 日本の七宗と総本山・大本山	永田美穂[監修]	PI-530
世界一美味しいご飯をわが家で炊く	柳原尚之	PI-531
経済で謎を解く 関ヶ原の戦い	武田知弘	PI-532
病気知らずの体をつくる 粗食のチカラ	幕内秀夫	PI-533
運を開く 神社のしきたり	三橋 健	PI-534
究極の野村メソッド 番狂わせの起こし方	野村克也	PI-535
「太陽の塔」新発見! 岡本太郎は何を考えていたのか	平野暁臣	PI-536
図説 あらすじと地図で面白いほどわかる! 源氏物語	竹内正彦[監修]	PI-537
定年前後の「やってはいけない」	郡山史郎	PI-538
怒ることで優位に立ちたがる人 人間関係で消耗しない心理学	加藤諦三	PI-539
被害者のふりをせずにはいられない人	片田珠美	PI-540
歴史の生かし方	童門冬二	PI-541
「子どもの発達障害」に薬はいらない	井原 裕	PI-542
「腸の老化」を止める食事術	松生恒夫	PI-543
中学の単語ですぐに話せる! 英会話1000フレーズ	デイビッド・セイン	PI-544
最新栄養医学でわかった! ボケない人の最強の食事術	今野裕之	PI-545
キャッシュレスで得する! お金の新常識	岩田昭男	PI-546
2025年のブロックチェーン革命	水野 操	PI-547
図説『日本書紀』と『宋書』で読み解く! 謎の四世紀と倭の五王	瀧音能之[監修]	PI-548
やってはいけない「長男」の相続 日本一相続を見てきてわかった円満解決の秘策	税理士法人レガシィ	PI-549
AI時代に「頭がいい」とはどういうことか	米山公啓	PI-550
最新脳科学でついに出た結論 「本の読み方」で学力は決まる	川島隆太[監修]	PI-551
寝たきりを防ぐ「栄養整形医学」 骨と筋肉が若返る食べ方	大友通明 松崎泰・榊浩平[著]	PI-552
「日本人の体質」研究でわかった 長寿の習慣	奥田昌子	PI-553

青春新書 INTELLIGENCE

こころ涌き立つ「知」の冒険!

なぜ、やる気がそがれる問題な職場	見波利幸	PI-554
英会話〈ネイティブ流〉使い回しの100単語 中学単語でここまで通じる!	デイビッド・セイン	PI-555
水の都 東京の歴史散歩 江戸の「水路」でたどる!	中江克己	PI-556
官房長官と幹事長 政権を支えた仕事師たちの才覚	橋本五郎	PI-557
ジェフ・ベゾス 未来と手を組む言葉	武井一巳	PI-558
[最新版]「うつ」は食べ物が原因だった!	溝口徹	PI-559
子どもを幸せにする遺言書 日本一相続を扱う行政書士が教える	倉敷昭久	PI-560
ネット断ち 毎日の「つながらない1時間」が知性を育む	齋藤孝	PI-561
ドイツ人はなぜ、年290万円でも生活が「豊か」なのか	熊谷徹	PI-562
人をつくる読書術	佐藤優	PI-563
定年前後「これだけ」やればいい	郡山史郎	PI-564
理系で読み解く すごい日本史	竹村公太郎[監修]	PI-565
図解 うまくいっている会社の「儲け」の仕組み	株式会社タンクフル	PI-566
「いい親」をやめるとラクになる 子どもの自己肯定感を高めるヒント	古荘純一	PI-567
動乱の室町時代と15人の足利将軍	山田邦明[監修]	PI-568
50歳からのゼロ・リセット 「手放す」ことで、初めて手に入るもの	本田直之	PI-569
英会話 その勉強ではもったいない!	デイビッド・セイン	PI-570
「脳が老化」する前に知っておきたいこと	和田秀樹	PI-571
万葉集〈新版〉 図説 地図とあらすじでわかる!	坂本勝[監修]	PI-572

※以下続刊

お願い ページわりの関係からここでは一部の既刊本しか掲載してありません。折り込みの出版案内もご参考にご覧ください。